당신은 세상에서 가장 소중한 사람입니다.

사랑하는 　　　　　　　　　 에게

드림

설교에 맛을 내는 예화7 인생

초판 1쇄 인쇄 | 2010년 9월 30일
초판 1쇄 발행 | 2010년 9월 30일

지은이 | 한치호 · 출판기획팀
교　정 | 최화숙
편　집 | 최영규
펴낸이 | 정신일
펴낸곳 | 크리스천리더
주　소 | 부천시 원미구 중동 667-16 (2층)
연락처 | ☎ (032)342-1979　fax.(032)343-3567
홈페이지 | www.cjesus.co.kr
총　판 | 생명의 말씀사 (02)3159-8211
등　록 | 제2-2727호(1999. 9. 30.)
　　　　ISBN 978-89-93273-86-1 04230
　　　　ISBN 978-89-93273-63-2 (세트)

값 5,800원

저자와의 협약 아래 인지는 생략되었습니다.
이 출판물은 저작권법에 의해 보호를 받는 저작물이므로
무단전재와 무단복제를 할 수 없습니다.

■ 잘못된 책은 구입하신 곳에서 바꾸어 드립니다.

설교에 맛을 내는 예화 7

Preaching with good Story

[인생]

CLS 크리스천리더

추천사

설교에 맛을 내는 예화

목회자가 하나님의 말씀을 쉽게 전달하기 위해서는 참신하고 호소력 있는 예화들이 필요하다.

그러나 우리는 예화 자료를 얻기가 쉽지 않다. 설교를 준비해 본 사람이면 예화자료의 부족으로 한 두 번쯤은 고민해 본 경험을 갖고 있을 것이다.

본인과 늘 가까이 대하는 좋은 후배로서, 언제나 동역자로 함께 지내오고 있는 한치호 목사가 설교자들을 돕기 위하여 하나님의 말씀 전파를 돕는 예화를 엮는다는 소식을 접하였을 때 흐뭇하였다.

사실, 우리는 기독교 서점에 나가보면 이런 저런 형태의 예화집들을 쉽게 대하게 된다. 그럼에도 이 예화집에 기대를 거는 것은 주제별로 예화를 묶는 것에 있다.

한가지 소재를 가지고 설교 원고를 작성했을지라도 그 주제에 꼭 알맞은 예화를 선택하는 데는 시간을 필요로 한다. 그런데 동일한 주제에 맞는 예화들을 1백편 이상 추려서 한 권의 책으로 엮는다니 얼마나 좋은 아이디어인가!

우리는 예수님께서 천국복음을 전파하실 때, 아주 적절하게 예화를 사용하셨음을 알고 있다.

본문을 풍성하게 해주는 적절하고 은혜로운 예화의 사용은 성도들에게 설교의 성패를 좌우할 수 있다.

설교에 있어서 예화의 사용은 설교의 문을 여는 역할을 하며 윤활유와 같다. 교회를 담임하고 평생을 설교를 해온 본인의 경험으로는 하나님의 말씀을 듣기 전에 대하게 되는 예화가 강단에 끼치는 영향은 매우 크다고 할 수 있다.

우선, 성도들이 설교를 이해하는데 도움을 주고, 둘째로 설교의 내용을 오래 기억하게 하며, 셋째는 설교를 되새길 수 있는 여유를 주는 까닭에 설교에 있어서 없어서는 안 되는 요소라 하겠다.

목회자들의 강단과 성도들의 은혜를 고려한 예화를 엮는 작업에 있어서 한치호 목사는 부족함 없는 사람이다.

그는 지금까지의 삶을 하나님의 종으로서 훌륭한 모습을 보여 왔기에, 그의 인품을 보아 좋은 책을 엮어 내리라고 기대하며, 즐거운 마음으로 추천한다.

2009년 12월
이충선 목사(경기노회 전노회장, 예장합동)

차 례

추천사_이충선 목사
들어가는 글_우리 인생은

1. 내가 달려갈 길

1. 알렉산더와 예수_18
2. 거미에게서 인생을 배운 왕_20
3. 열려 있는 무대_22
4. 도스토예프스키의 삶_24
5. 동명이인(同名異人)_26
6. 마지막으로 남긴 말_28
7. 시간을 잘 사용하는 지혜_30
8. 시간의 청지기_32
9. 시한부 인생_34
10. 어떻게 사용될 것인가?_36
11. 어리석은 인생_38
12. 연약한 피조물_40
13. 윌리암 보덴의 후회 없는 삶_42
14. 인생의 기회_44
15. 인생의 오르막 길과 내리막 길_46
16. 인생의 초점_48
17. 전진하는 인생_50

18. 주지사가 된 이민 소년_52
19. 짧은 인생_54
20. 창조적인 삶_56
21. 최선의 삶_58
22. 테라사 수녀의 즐거운 인생_60
23. 평범한 진리_62
24. 포기 할 줄 아는 지혜_64
25. 헛된 인생의 목표_66

2. 사람의 걸음을 정하시고

1. 현명한 선택_70
2. 현재에 충실_72
3. 샴페인을 붓는 선수들_74
4. 시간과 기회_76
5. 실패한 사람의 열 가지 공통점_78
6. 영적 부흥을 위한 5가지 결심_80
7. 옛 생활을 버리지 못하는 삶_82
8. 크리스천임을 자랑스럽게 생각하자_84
9. 가치 있는 인생_86
10. 실패가 아닌 성공을 위한 계획_88
11. 인생의 가르침이 담긴 편지_90
12. 쥐 실험_92
13. 목표를 가리는 장애물_94
14. 믿음 소망 사랑의 뿌리_96
15. 언제나 성취를 향해_98

16. 하나님께 드린 기업_100
17. 일곱 가지 인생의 법칙_102
18. 지난 1천년 인류 역사 결산_104
19. 송어 낚시_106
20. 조지 워싱턴 카버 박사_108
21. 사람의 나이와 노쇠_110
22. 사람을 외모로 취하지 말라_112
23. 두 배우의 인생_114
24. 가치 있는 이야기_116
25. 눈물의 경주_118

3. 푯대를 향하여

1. 내 인생의 목록_122
2. 문둥병자 스탠리 스타인의 극복_124
3. 세상에서 가장 아름다운 그림_126
4. 어디를 두드려야 할 지 알아낸 값_128
5. 인생의 양지와 음지 앞에서_130
6. 예수님짜리 인생_132
7. 이것이 인생이다_134
8. 창조적인 삶을 살아가자_136
9. 폴란드의 자랑이 되어다오_138
10. 때에 따라 변하는 인생_140
11. 나무들의 꿈_142
12. 스피링벅의 무한질주 인생_144
13. 인생의 참된 성공_146

14. 인생의 주관자_148
15. 성공을 위한 13가지 노력_150
16. 토머슨의 성공_152
17. 라면을 처음 개발한 안도 사장_154
18. 베이비루스의 삼진_156
19. 사우스웨스트 에어라인_158
20. 차별화 할 수 없으면 포기해라_160
21. 한 번 연주를 1,500회 연주_162
22. 세계를 바꾼 생각_164
23. 곰바우에게 설득당한 목사님_166
24. 테너 루치아노 파바로티_168
25. 프로가 되는 길_170

4. 인생을 의지하지 말라

1. 실패는 성공의 교육비_174
2. 성공 방정식_176
3. 신앙과 인생의 성공비결_178
4. 실패하는 사람들의 모습_180
5. 작은 유태인_182
6. 코알라와 같은 인생을 청산하라_184
7. 인생유형_186
8. 콘라드 아데나워_188
9. 예수와 가룟 유다의 모델_190
10. 인생의 목적_192
11. 불나방 인생_194

12. 인생의 열차_196
13. 돈 슈나이더_198
14. 화장실 인생_200
15. 개만도 못한 놈_202
16. 인생에서 가장 행복했던 순간 _204
17. 인생의 본질_206
18. 보람 있는 인생의 일곱 가지_208
19. 찌꺼기 인생의 대역전_210
20. 인생은 커다란 화강암_212
21. 완전 대박_214
22. 위대한 인생으로_216
23. 인생은 B로 시작해서 D로 끝난다_218
24. 실패에 맞서 싸우는 다섯 가지 방법_220
25. 실패처럼 좋은 참고서는_222

인생의 상속자

인생이란 모래시계 속의 모래와 같습니다.

시간이 흐르면 모래는 점점 아래로 흘러내리고,
언젠가 마지막 한 알만 남는 순간이 찾아오지요.

저는 그 마지막 날이 오면 과연 무엇을 할 것인지,
인생의 마지막 날을 어떻게 보내야 할 것인지 생각해 보았습니다.

그리고 매일 매일을 마지막 날처럼 사는 것이
곧 최고의 인생을 살 수 있는 방법이라는
사실을 깨달았습니다.
인생이란 결국 하루하루가 모여서
만들어 지는 것이니까요.

하루를 잘 보낼 수 있는 사람이라면,
그 인생도 분명 의미있고 풍요로울 것입니다.

놓치지 마세요.
누구나 살아보고 싶은 '최고의 인생' 이
바로 오늘 여기에 있습니다.

짐스토벌 〈인생의 상속자〉에서

설교에 맛을 내는 예화7-인생(성공, 실패)

우리 인생은...

어떤 죄수가 있었다. 어떤 극악한 죄를 지었던지 독방에 갇혀 오랫동안 있었다. 독방에 갇혀 있으니, 정말 외롭고 고독한 하루하루를 보내고 있었다.

그런데, 그 감옥 안에 이 죄수에게 친구가 생겼다. 바로 바퀴벌레였다. 심심한 이 죄수는 그 바퀴벌레를 열심히 키웠다. 그리고 그것도 성에 차지 않아서, 바퀴벌레를 특별 훈련을 시켰다. 수 년 동안 훈련시켰던 것이다.

오랜 시간이 지나서, 이제 이 죄수는 모범수로 가석방이 되었다. 특별한 재주가 없었던 이 죄수는 그동안 자신이 애지중지 오랫동안 훈련을 시킨 바퀴벌레로 '바퀴벌레 쇼'를 해서 돈이라도 벌어야겠다는 생각을 했다.

막 석방이 되자마자, 그는 오랫동안 꿈에 그리던 음식을 먹기 위해 고급 레스토랑에 가게 되었다. 그리고 음식이 나오기를 기다리는 동안, 가만히 있기도 심심하고, 자신이 준비한 바퀴벌레 쇼가 사람들에게 효과가 있는지를 알아보기 위해서, 웨이터에게 바퀴벌레 쇼를 처음으로 보여주려고 했다. 그렇게 처음으로 보여 주려고 웨이터를 불러서 그에게 말했다.

"자! 제가 이제 무엇인가를 하나 보여 드리겠습니다. 잘 보세요!"

이렇게 이야기를 하고 바퀴벌레를 꺼내서 보여주는데, 갑자기 웨이터가 "아! 손님 죄송합니다(찌~익). 바퀴벌레가 어디서 들어왔는지…" 이러면서 순식간에 엄지손가락으로 바퀴벌레를 눌러 죽였다. 이 얼마나 허무한가?

당신은 어떠한가? 이러한 인생이 우리의 인생이다. 아무리 자기가 잘났다고 생각해도 하나님의 손으로 '찌~익' 하고 눌러 버리신다면, 찍 소리도 못하고 사라지는 것이 우리 인생인 것이다.

많은 사람들을 살리는 인생

우리들은 바로 앞의 일 밖에 모른다. 한 수, 두 수 앞 정도의 일들은 생각해 볼지 모르지만, 그게 다이다.

그러나 하나님은 바둑판 전체를 다 보듯이, 우리 인생전체를 보시고 계신다. 그리고 그 인생전체를 다 보시는 하나님은 비록 우리가 생각할 때에는 더디다고 생각되지만, 하나씩 이루어 가신다는 것이다. 하나님은 분명히 우리들을 아름답게 이루어가고 계신다. 지금 힘들다고 절대 좌절하지 말자.

반대로 지금 잘 된다고 절대로 교만하지도 말자. 때가 되면 하나님은 적절히 이루어 가신다. 우리의 뜻대로가 아니라 하나님의 뜻대로 이루어 주시는 것이다.

그런데 문제는 우리가 믿음으로 살아야 할 텐데, 그것이 잘 안 된다는 것이다. 학교에서 직장에서 가정에서… 매 순간 믿음으로 사는 것은 정말 쉽지만은 않다. 그렇기 때문에 우리는 늘 주님의 은혜를 구해야 한다.

우리에게는 두 가지의 인생이 놓여 있다. 상처받고 아파하고 불평하면서 3류 인생으로 살아가는 것, 그리고 하나님이 항상 함께 하심을 믿고 살아감으로써 어미 새가 새끼들을 그 날개 아래 고이 품듯이 요셉처럼 많은 사람들을 살게 만드는 그런 인생.

우리는 과연 어떤 인생을 살기 원하는가? 하나님의 은혜를 구하며 나 자신을 통해 많은 사람들을 살리는 그런 인생을 살아가야겠다.

행복은 어디에서 오는가? 두 말 할 것 없이 마음에서 온다. 미국의 유명한 노만 빈센트 필 박사가 어느 날 열차를 타고 여행을 하고 있었다. 그의 맞은 편에는 한 중년 부부가 앉아 있었는데 그 부인은 계속해서 투덜거리며 불만을 토로하고 있었다. "좌석이 불편하다, 시트가 지저분하다, 청소도 제대로 안 돼 냄새가 지독하다."

이때 부인의 불평을 듣던 남편이 필 박사에게 인사를 건네며 자신을 소개했다. "안녕하세요? 저는 변호사이고, 제 아내는 제조업자입니다." 필 박사가 물었다. "부인께서는 어떤 종류의 제조업에 종사하시는지요?"

그러자 남편이 웃으면서 대답했다. "예, 불평 제조업자입니다."

우리는 어떻게 해야 불평을 그치고 살 수 있을까?

우리가 인생을 살아가면서 의지해야 할 대상은 사람과 물질, 권력이 아니다. 아무런 도움이 되어 줄 수 없는 사람과 물질과 권력을 의지하지 말고, 하나님을 의지하며 치료받는 인생, 승리하는 삶을 누려야겠다.

01
내가 달려 갈 길

내가 달려갈 길과 주 예수께 받은 사명 곧 하나님의 은혜의 복음을 증언하는 일을 마치려 함에는 나의 생명조차 조금도 귀한 것으로 여기지 아니하노라(행 20:24).

01 알렉산더와 예수

BC 350년경 알렉산더 대왕은 세계를 정복하고 거대한 제국을 세웠다. 그리스도와 알렉산더는 공통점을 가지고 있다. 두 사람은 젊은 날에 일을 시작하여 33세라는 이른 나이에 생을 끝마쳤다.

알렉산더는 왕국에서 태어났고, 예수는 마구간에서 태어났다.

알렉산더는 왕자로 태어났고, 예수는 목수의 아들로 태어났다.

알렉산더는 왕좌에서 고귀한 왕으로 죽었으며, 예수는 십자가에서 조롱받는 왕으로 죽었다.

알렉산더의 일생은 위대한 성공으로 보이고, 예수의 일생은 실패한 것으로 보인다.

알렉산더는 자신의 소유를 위해 수십만 명의 피를 흘렸다. 하지만 예수는 전 인류를 위해서 자신의 피를 흘렸다.

알렉산더는 영광의 바벨론에서 죽었고, 예수는 수치의 갈보리에서 죽었다.

알렉산더는 모든 왕국을 정복하였고, 예수는 죽음을 정복하였다.

  알렉산더는 모든 인간을 노예로 만들었고, 예수는 모든 인간을 자유롭게 하였다.

  알렉산더는 역사를 만들었고, 예수는 역사를 변화시켰다.

 예화와 관련된 말씀

예수께서 이르시되 내가 곧 길이요 진리요 생명이니 나로 말미암지 않고는 아버지께로 올 자가 없느니라(요 14:6).

예수께서 이르시되 나는 부활이요 생명이니 나를 믿는 자는 죽어도 살겠고 무릇 살아서 나를 믿는 자는 영원히 죽지 아니하리니 이것을 네가 믿느냐(요 11:25,26).

02 | 거미에게서 인생을 배운 왕

잉글랜드의 왕 에드워드 1세의 침입을 받은 스코틀랜드의 군사들은 부르스(Bruce) 왕을 중심으로 굳게 뭉쳐 격렬한 항쟁을 하였지만, 무려 여섯 번이나 패배하였다. 나중에는 부르스 왕 한 사람만 남아 깊은 산속을 헤매게 되었다. 한참을 헤매던 그는 다 쓰러져가는 움막을 하나 발견하고 그곳으로 들어갔다. 한 마리의 거미가 나타나서 왕이 누워있는 움막의 구멍 뚫린 천정에서 부지런히 작업을 하고 있었다. 거미는 지붕 밑 서까래에 자기 나름대로 기초를 두고 거미줄을 늘어뜨리더니 그 줄을 타고 집을 짓기 시작하였다.

"저 녀석은 지금 무엇을 하고 있을까?"

호기심이 일자 왕은 거미의 행동 하나 하나를 주의 깊게 관찰하였다. 거미는 한껏 넓은 진폭을 형성하더니 건너편 서까래에 순간적으로 몸을 날렸다. 그러나 줄이 끊어져 거미는 땅바닥으로 떨어졌다. 그 순간 왕은 실패한 동료를 만났다는 생각에 씁쓰레 하였다. 그가 이젠 모든 것이 끝났다고 생각했는데, 거미는 원래 처음자리로 다시 돌아가더니 그 작업을 계속하였다. 이때부터 왕은 숨을 죽이고 거미의 거동을 살피기 시작했다. 거미의 두 번째 시도도 실패로 끝나고 말았다. 그러나 거미는 다시 일어나 작업을 반복하였다. 그렇게 거미는 무려 여섯 번이나 실패를 하였다. 이제는 포기를 하겠지 했는데, 일곱 번째 다시 시도를 하여 드디어는 멋지게 목표지점에 몸을 착 붙이더니 아주 멋있는 집을 짓기 시작하였다.

'그렇다. 거미는 나에게 주저앉지 말라는 교훈을 해주는구나.'

왕은 자신도 모르게 일어나 거미에게 최대의 경의를 표했다. 그리고 그는 산을 내려와 자신도 일곱 번째로 전열을 가다듬어 싸워 큰 승리를 거두게 되었다. 그는 보잘 것 없는 거미를 스승으로 삼고 배운 진리를 통해 성공을 거두었다.

 예화와 관련된 말씀

우리가 선을 행하되 낙심하지 말지니 포기하지 아니하면 때가 이르매 거두리라(갈 6:9).

03 | 열려 있는 무대

「마음을 열어 주는 101가지 이야기」 책에 나오는 이야기이다. 미국에는 오클랜드와 샌프란시스코를 연결하는 유명한 금문교가 있다.

여기로 가는 도상에는 17개의 톨게이트가 있다. 그리고 통행료 징수대 박스가 17개 나란히 있는데, 어느 날 이 책의 저자가 그 중 한 징수대를 통과하게 되었다. 그런데 그 박스 안에서 티켓도 끊어주고 돈도 받는 사람이 음악을 아주 크게 틀어놓고 춤을 추면서 저자에게 돈을 받았다.

"뭘 하십니까?"

"파티를 열고 있습니다."

"파티라니요? 누구를 초대하셨나요?"

"제가 제 자신을 초대했지요."

얼마 후에 저자는 똑같은 징수대 박스를 통과하게 되었다. 요금 받는 사람을 보니 예전에 춤을 추며 돈을 받았던 그 사람이었다.

그는 변함없이 음악을 틀어놓고 전에 보았던 동일한 모션으로 춤을 추면서 돈을 받고 티켓을 저자에게 내줬다.

"아. 오늘도 파티를 열고 계십니까?"

"아. 물론이지요."

"왜 다른 사람들은 파티를 열고 있지 않습니까?"

"아, 저 사람들이요? 저 사람들이 들어가 있는 박스는 말이죠, 관(棺)입니다. 아침 8시 30분에 출근해서 오후 4시 반에 퇴근하기까지 저 사람들은 관속에 갇혀 있는 시체들이란 말입니다. 시체!"

"당신이 저 사람들과 다른 이유는 무엇입니까?"

"나요? 나는 중요한 미션(사명)이 있어요."

"미션이 뭡니까?"

"저는 댄스 교수가 될 예정입니다. 그래서 저는 여기서 돈을 받고, 여기 연습장에서 연습을 하고 있는 겁니다. 그러나 저들의 방, 저 사람들의 방을 잘 보세요. 저게 닫혀있는 관이라면 제가 있는 이 박스 안은 열려있는 무대란 말입니다."

 예화와 관련된 말씀

의인의 소망은 즐거움을 이루어도 악인의 소망은 끊어지느니라(잠 10:28).

04 | 도스토예프스키의 삶

 도스토예프스키는 28세 되던 해에, 사형선고를 받고 형장으로 끌려 나가게 되었다. 영하 50도가 되는 몹시 추운 날, 기둥에 묶여서 총살을 당하게 되었다.

 그는 땅 위에서 살아 있을 시간을 계산해 보니, 꼭 5분이 남아 있었다. 이제 5분밖에 남지 않은 생명을 어떻게 사용할까 하고 생각했다. 그래서 아는 사람들에게 최후의 인사를 한 마디씩 하는데 2분, 오늘까지 살아온 생활과 생각을 정리하는데 2분, 그리고 발을 붙이고 살던 땅과 자연을 돌아보는데 나머지 1분을 쓰기로 했다.

 그가 옆에 서 있는 사람들에게 인사를 하고 남은 가족을 잠깐 생각하고 나니 2분이 후딱 지나갔다. 이제 자기 자신에 대하여 생각하다 3분 후에 자기는 어디로 가는가 하는 생각에, 그만 눈앞이 아찔했다. 28년간, 세월을 한 순간 한 순간 아껴 쓰지 못한 것이 후회가 되었다.

 이제, 다시 한 번 살 수 있는 기회가 주어진다면 시간을 아주 뜻있게 사용하리라는 생각을 가졌다. 그 순간에 총알을 장전하는 소리가 '철컥' 하고 났다. 그는 그 소리와 함께 견딜 수 없는 죽음의 공포에 사로잡혔다.

바로 그때, 장내가 떠들썩하더니 소란이 일어났다. 멀리서 병사 하나가 흰 손수건을 흔들면서 이쪽으로 달려오고 있었다. 병사는 황제의 특사령을 가지고 왔던 것이다. 그는 거기에서 풀려나, 시베리아로 가서 4년 동안 유배 생활을 했다. 그리고 그 후에, 남은 생애 동안 기독교와 관련된 작품을 쓰며 값있는 인생을 살려고 노력했다.

 예화와 관련된 말씀

인생들아 어느 때까지 나의 영광을 바꾸어 욕되게 하며 헛된 일을 좋아하고 거짓을 구하려는가(셀라)(시 4:2).

너희는 인생을 의지하지 말라 그의 호흡은 코에 있나니 셈할 가치가 어디 있느냐(사 2:22).

05 | 동명이인(同名異人)

　명장 알렉산더 대왕(Alexander the Great)과 같은 이름을 가진 병사 하나가 있었다.

　그런데 어느 날 알렉산더 대왕의 귀에 이 병사에 대한 나쁜 소문이 들렸다.

　이 병사의 행동 때문에 자신의 이름이 땅에 떨어지고 웃긴 꼴이 되고 있다는 것이었다.

　"알렉산더, 자네는 졸장부 같네."

　이 병사가 잘못할 때마다 다른 병사들은 그를 나무랐다.

　그의 행동이 알렉산더라는 이름에 먹칠을 했던 것이다.

　알렉산더 대왕은 이러한 사실을 도저히 참지 못하고 어느 날 이 병사의 막사로 찾아갔다.

　그때에도 아니나 다를까 이 병사는 술에 취해 바닥에 뻗어 있지 않았겠는가?

　알렉산더 대왕이 오셨다는 소리에 그 병사는 놀란 토끼처럼 벌떡 일어나 경례를 했다.

　그런 졸개 병사에게 알렉산더 대왕이 남긴 유명한 말이 있다.

"병사 이름이 알렉산더인가?"

"네, 그렇습니다."

"나와 이름이 똑같군. 병사는 두 가지 중 하나를 선택하라. 네 이름을 바꾸든지 아니면 네 인생을 바꾸어라."

 예화와 관련된 말씀

그러므로 주 안에서 갇힌 내가 너희를 권하노니 너희가 부르심을 받은 일에 합당하게 행하여(엡 4:1).

그에게서 그 한 달란트를 빼앗아 열 달란트 가진 자에게 주라 (마 25:28).

06 | 마지막으로 남긴 말

사람이 이 세상을 떠나기 전에 마지막으로 남기는 말을 '유언'(遺言)이라고 한다. 우리 조상들은 자녀들에게 주로 재산 분배에 관한 유언을 남겼다.

"큰아들 너는 논 몇 마지기를 갖고, 작은아들 너는 밭 얼마를 가지고…"

철인 소크라테스는 '우리는 이제 떠나야 할 때가 왔다. 나는 죽으러 가고 여러분은 살러간다. 누가 행복할 것인가? 그것은 오직 신만이 알 것이다.'라고 철인답게 독배(毒杯)를 마시고 죽었다.

공산주의 이론을 만들어 낸 칼 마르크스는 죽음을 앞두고 그의 하녀가, "제게 마지막 말을 남겨 주시면 기록해 두겠습니다."라고 말하자, "시끄러워, 나가"하면서 소리치며 죽었다.

장군 나폴레옹은 "나는 불행하게 살았다."라고 중얼거리며 죽었고, 대만의 장개석 총통은 "영웅이란 용감하게 실패하는 자이다."라고 무언가 한을 남기면서 죽었고, 문호 괴테는 "창문을 열어다오."하면서 죽었다고 한다.

그러나 베들레헴의 말구유에서 탄생하셨던 예수님께서는 십자가 위에서 마지막 순간에 "다 이루었다."라고 자신 있게 말씀하시며 그 영혼을 하나님께 부탁하셨다.

 예화와 관련된 말씀

예수께서 신 포도주를 받으신 후에 이르시되 다 이루었다 하시고 머리를 숙이니 영혼이 떠나가시니라(요 11:30).

욕을 당하시되 맞대어 욕하지 아니하시고 고난을 당하시되 위협하지 아니하시고 오직 공의로 심판하시는 이에게 부탁하시며 친히 나무에 달려 그 몸으로 우리 죄를 담당하셨으니 이는 우리로 죄에 대하여 죽고 의에 대하여 살게 하려 하심이라 그가 채찍에 맞음으로 너희는 나음을 얻었나니(벧전 2:23,24).

07 | 시간을 잘 사용하는 지혜

교회 역사에서 짧은 생애 동안 엄청나고 극적인 성취를 이룬 모델을 든다면 존 웨슬레(*John Wesley*)라고 말할 수 있을 것이다. 어떤 사람이 웨슬레에게 이런 질문을 했다고 한다.

"예수님이 만약 10시간 후에 오셔서 우리 생애의 종말이 된다면 그 동안 당신은 무엇을 하시겠습니까?"

이때 웨슬레는 이런 대답을 했다.

"평소처럼 내가 계획한 대로 살 것입니다."

이 짧은 대답을 통해 그의 삶이 얼마나 철저하게 기도와 계획 속에 이루어졌는가를 알 수 있다.

그렇기 때문에 웨슬레는 그의 생애 50년 기간에 42,000번의 설교를 하였고, 200권 이상의 책을 썼으며, 약 40만Km의 전도 여행을 할 수 있었던 것이다.

이 모든 일이 가능했던 이유는 50년 동안 매일 새벽 4시에 일어나 먼저 기도로 시작하고 기도하는 동안 그의 하루하루를 철저하고 빈틈없이 계획하였기 때문이다.

그가 시작한 감리교 운동과 감리교도들을 가리켜 영어로

'메소디스트'(*methodist*)라고 하는데, 이 단어는 본래 방법, 규율, 질서를 뜻하는 '메소드'(*method*)에서 나온 것이다. 이것만 보더라도 초기의 감리교도들이 얼마나 철저한 계획과 질서 속에서 살았는가를 알 수 있다.

 예화와 관련된 말씀

> 그런즉 너희가 어떻게 행할지를 자세히 주의하여 지혜 없는 자 같이 하지 말고 오직 지혜 있는 자 같이 하여 세월을 아끼라 때가 악하니라(엡 5:15,16).

08 | 시간의 청지기

어느 날 어떤 사람이 은행에서 걸려온 이상한 전화를 받았다.

"당신 앞으로 어떤 사람이 1,440만원을 입금했습니다. 그런데 그 분이 입금을 하면서 당신에게 꼭 전화를 걸어 이 말을 전해달라고 부탁했습니다. 당신이 오늘 안에 반드시 이 돈을 써야 하는데 조건은 없다고 합니다. 그렇지만 유익하게 쓰라고 하더군요."

이 사람은 어리둥절했지만 기분이 좋아 1,440만원을 다 써보지도 못하고 어영부영 하루가 지났다.

그런데 그 이튿날 아침에 또 전화가 걸려왔다.

"1,440만원이 또 입금되었습니다. 그런데 어제 입금된 돈은 쓰지 않았기 때문에 그 돈은 주인이 도로 찾아갔습니다. 그 분이 말하기를 오늘 그 돈을 찾아서 쓰시면 그 돈은 당신 것이라고 말했습니다."

이 사람은 조금 미심쩍어 하면서도 은행에 가서 그 돈을 찾아다가 기분 좋게 다 써버렸다.

그 이튿날 아침에 또 전화가 걸려왔다.

"오늘 아침에 또 당신 앞으로 1,440만원이 입금되었습니다. 오늘 하루 동안 또 쓰십시오."

그래서 이 사람은 또 썼다. 이런 일이 매일 같이 반복되었는데 그 돈을 쓰면서 기분은 좋았지만 마음 한구석에는 '어느 날 갑자기 돈이 입금되지 않으면 어떻게 할 것인가?' 하는 불안한 생각이 자꾸만 들었다.

하나님께서는 우리들에게 하루 24시간을 주셨다. 이 시간은 분으로 계산하면 1,440분이 된다. 하나님께서 우리에게 돈 1,440만원은 주지 않으셨지만, 우리에게 1,440분의 시간은 공평하게 주셨다. 우리는 이것을 마음대로 할 수 있다. 그러나 기억해야할 것은 이것이 계속되는 것은 아니라는 것이다. 시간이 끝나는 날, 하나님이 내게 맡겨주신 시간을 어떻게 관리했는가에 대해 우리를 심판하실 것이다.

 예화와 관련된 말씀

내가 너를 불쌍히 여기지 아니하며 긍휼히 여기지도 아니하고 네 행위대로 너를 벌하여 네 가증한 일이 너희 중에 나타나게 하리니 내가 여호와인 줄을 너희가 알리라(겔 7:4).

09 | 시한부 인생

 어느 목사님이 알고 지내는 집사님 한 분이 어느 날 몸이 이상하여 병원에 가서 검사를 받게 되었다. 검사를 받고 병실에 누워있는데 병실 밖에서 가족들이 하는 이야기가 들렸다. 검사 결과가 나왔는데 병명은 암이고 몇 달 밖에 살지 못한다는 사실이었다.

 집사님은 무척 놀랐지만 신앙이 있었기 때문에 자신의 죽음을 담담하게 받아들였다.

 그때부터 집사님은 자기의 삶을 하나하나 정리하기 시작했다. 그 동안 집사님은 못 만났던 사람들을 만나고, 해결해야 할 문제들을 해결하기도 하고, 용서를 구해야 하는 사람에게는 용서를 구했다.

 심지어는 자기의 전 재산을 털어 불우한 이웃에게 나누어 주고 유서까지 써 놓았다.

 그런데 병원에서 암을 선고한지 여섯 달이 지났는데도 집사님의 몸이 멀쩡한 것이다. 너무나 이상해 다른 큰 병원에 가서 다시 검사를 해 보았다. 그랬더니 놀랍게도 전 병원의 암 진단이 오진으로 밝혀졌다.

얼마나 황당한가? 주변사람들은 그가 병원의 오진을 모르고 그 동안 모아놓은 재산을 거의 다 써버린 것에 대하여 아까워하며 집사님의 심정을 물어보았다. 그러나 집사님은 오히려 이렇게 고백했다.

"6개월 동안의 시한부 인생이 저의 삶 전체 중에서 가장 진지하고 보람 있게 살았던 순간이었습니다."

 예화와 관련된 말씀

전제와 같이 내가 벌써 부어지고 나의 떠날 시각이 가까웠도다(딤후 4:6).

10 | 어떻게 사용될 것인가?

미국의 젊은 피아니스트 론 세버린(*Ron Severin*)이 주류 상회 앞을 지나다가 그 앞에 산적해 있는 헌 맥주 캔을 보고 눈이 번쩍 뜨였다. 그는 곧 주인을 만나 그 캔들을 자기가 치워 주겠다고 제의했다. 주인은 감사하다고 하며 그렇게 하라고 했다.

당시 세버린은 캘리포니아 롱비치 주립 대학의 학생으로서 다우니 교회의 오르가니스트로 있었다. 헌 캔들이 줄지어 쌓여 있는 것을 보자 무어라 표현할 수 없는 음악적 영감이 섬광처럼 그의 영혼을 흔들었던 것이다.

세버린은 한 아름의 캔을 실어 와서 손질하기 시작했다. 위와 아래의 뚜껑을 모조리 따내고 깨끗이 소독을 한 다음 긴 파이프가 되도록 납땜을 했다.

어떤 것은 길게, 어떤 것은 짧게 만들고 파이프의 주둥이 부분을 만들어 달았다.

그 파이프의 길이를 달리하여 플루트와 비올라의 소리를 나게 하는 데는 한 시간 정도밖에 걸리지 않았으나 리이드의 음을 내는 데는 상당히 어려움이 많았다.

결국 그는 3년의 세월을 투자하여 아름다운 파이프 오르간을 만들어 내는데 성공했다. 인류 역사에 새롭고 웅장하고 아름다운 악기 하나가 탄생한 것이었다.

문제는 인간의 정신을 혼미하게 하는 술이 담겼던 그릇을 아름답고 고상한 악기로, 하나님을 찬양하고 경배하는 도구로 만들었다는 사실이다.

같은 물이라도 뱀이 먹으면 독이 되지만 양이 먹으면 젖이 되는 것을 우리는 알고 있다. 우리가 하나님을 섬기고 순종하면 성도가 되지만 세상 저잣거리의 명예와 탐욕을 뒤쫓아가면 그야말로 온 세상에 지천으로 널린 속물 가운데 하나가 되고 말뿐이다.

 예화와 관련된 말씀

그러므로 형제들아 내가 하나님의 모든 자비하심으로 너희를 권하노니 너희 몸을 하나님이 기뻐하시는 거룩한 산 제물로 드리라 이는 너희가 드릴 영적 예배니라(롬 12:1).

11 │ 어리석은 인생

영국이 전 세계의 모든 바다를 지배한 해상의 왕이던 시절에 일어났던 이야기이다.

아프리카에서 영국의 무역선 하나가 영국 해협에 거의 다 와서 그 해협 근처에서 조난을 당했다. 파선한 무역선의 구조요청을 받은 영국은 당장 구조선을 보냈다.

그러나 파도가 너무 높아서 구조선이 그 조난당한 큰 배에 가까이 접근을 못했다. 별수 없이 로프를 던지며 배에 탄 사람들에게 그 구조선까지 오라고 했다.

무역선에 탄 사람들 중 어떤 이들은 그 구조선을 향하여 헤엄을 쳤고 또 어떤 이들은 그 로프를 붙잡고 구조선까지 와서 살았다.

그런데 무역선에 탄 사람들 중에는 배에서는 뛰어내렸지만 구조선까지 오지 못하고 죽은 사람들이 많이 있었다.

그들은 왜 죽었을까? 그들이 죽은 이유는 무척 다양했다. 물론, 어떤 사람들은 수영을 못하거나 미처 그 로프를 못 잡아서 죽기도 했지만 진짜 이유는 그런 것이 아니었다.

그 배는 아프리카에서 오던 배로써 많은 양의 금괴들이 배에 실려 있었다. 사람들은 배와 함께 가라앉을 금이 너무 아까워서 배에서 뛰어내릴 때 자신의 허리에다 금을 가득 찼던 것이었다. 사람들은 그 금괴의 무게 때문에 모두 빠져 죽은 것이다.

 예화와 관련된 말씀

> 사람이 만일 온 천하를 얻고도 제 목숨을 잃으면 무엇이 유익하리요 사람이 무엇을 주고 제 목숨과 바꾸겠느냐(마 16:26).

12 | 연약한 피조물

인류의 역사 속에 나오는 인물 중 최고의 군사적인 천재를 말하라면 단연 나폴레옹일 것이다.

이 나폴레옹이 군사를 이끌고 러시아를 침략하기로 계획을 세웠을 때, 그와 가까웠던 신복이 그에게 나와 이렇게 충고 했다.

"제발, 부탁드립니다. 이번만큼은 러시아 침략을 취소하시면 좋겠습니다. 정복한 나라들도 많은데 이만하면 족하지 않습니까?"

그러나 나폴레옹은 그의 충고를 듣지 않았다.

그러자 그 신하는 마지막으로 간곡히 폐하에게 매달리며 이렇게 말했다.

"폐하시여! 모든 일은 사람이 계획하지만 하나님만이 그 일을 성취시키십니다. 이번 러시아 침략은 취소하십시오."

이 말을 들은 나폴레옹은 "나는 모든 일을 계획도 하고 성취도 한다."고 호언장담하였다.

그러나 러시아 정복의 계획은 나폴레옹 생애에서 몰락을 알리는 시작이 되었다.

나중에서야 나폴레옹은 센트 헬레나의 고독한 섬에서 자신이 그 한계성을 받아들여야 할 연약한 피조물임을 비로소 깨닫게 되었다.

 예화와 관련된 말씀

내일 일을 너희가 알지 못하는도다 너희 생명이 무엇이냐 너희는 잠깐 보이다가 없어지는 안개니라(약 4:14).

어리석은 자의 퇴보는 자기를 죽이며 미련한 자의 안일은 자기를 멸망시키려니와 오직 내 말을 듣는 자는 평안히 살며 재앙의 두려움이 없이 안전하리라(잠 1:32,33).

13 | 윌리암 보덴의 후회 없는 삶

윌리암 보덴은 1904년, 시카고에서 고등학교를 졸업하던 해 큰 낙농장의 법적 상속인으로 이미 백만장자가 되어 있었다.

그의 부모는 그에게 세계 일주를 시켰다. 그는 아시아, 중동, 그리고 유럽을 여행하는 동안 고통 받는 사람들을 직접 눈으로 보고는 마음에 큰 짐을 지게 되었다.

그래서 집으로 보내는 편지에 다음과 같이 썼다.

"나는 일생을 전도사업과 그 일에 대한 준비에 바치겠습니다."

그가 이러한 결심을 했을 때 그는 그의 성경 뒤표지에 "지체할 수 없음"이라고 썼다.

프린스턴 신학교에서 공부를 마치고 중국에 있는 회교도들에게 전도하기 위해 항해하던 중 선교 준비를 하려고 우선 이집트에 들렀다.

그곳에서 그만 뇌막염에 걸려 한 달도 못되어 주님 나라로 갔다. 사람들은 이렇게 말했을 것이다.

"하나님의 뜻이 아니었던 게야. 헛된 일을 했었군!"

그의 성경 뒷장에는 위에 썼던 두 가지의 결심 밑에 "후회 없다."라고 적혀 있었다.

 예화와 관련된 말씀

내가 또 주의 목소리를 들으니 주께서 이르시되 내가 누구를 보내며 누가 우리를 위하여 갈꼬 하시니 그 때에 내가 이르되 내가 여기 있나이다 나를 보내소서 하였더니(사 6:8).

하나님은 사람이 아니시니 거짓말을 하지 않으시고 인생이 아니시니 후회가 없으시도다 어찌 그 말씀하신 바를 행하지 않으시며 하신 말씀을 실행하지 않으시랴(민 23:19).

14 | 인생의 기회

인간이 사용할 수 있는 모든 자원 중에서 가장 강력한 자원은 기회이다. 세리 삭개오에게도 그가 소유할 수 있는 가장 소중한 기회가 있었는데, 그것은 바로 예수님이었다. 삭개오는 자신의 삶에서 예수님을 만나는 것이 가장 큰 기회라고 생각했기 때문에 그 기회를 놓칠 수 없었다.

결국 그 기회를 잡았을 때 그의 인생에 있어서 최고의 축복인 구원을 받게 되었다.

이와 같은 '기회'가 어떻게 생겼는지 그 모습을 잘 설명해 주는 이야기가 있다.

그리스에 '시라큐스'라는 이상한 동상 하나가 있었다. 그 동상의 모습을 묘사해 보면 발에 날개가 붙어 있고 앞머리에는 무성한 머리카락이 있는 반면 뒷머리에는 머리카락이 하나도 없는 대머리였다.

이 이상한 동상 아래에는 다음과 같은 글귀가 새겨져 있었다.

누가 당신을 만들었습니까? 리시퍼스
당신의 이름은 무엇입니까? 기회

왜 날개가 발에 달렸습니까? 빨리 날아다니기 위해

왜 당신의 앞머리는 그렇게 무성합니까? 그것은 내가 지나갈 때 사람들이 쉽게 잡을 수 있도록 하기 위해서.

왜 뒷머리는 대머리입니까? 지나가면 도저히 다시 붙잡기가 어렵기 때문에.

 예화와 관련된 말씀

이르시되 내가 은혜 베풀 때에 너에게 듣고 구원의 날에 너를 도왔다 하셨으니 보라 지금은 은혜 받을 만한 때요 보라 지금은 구원의 날이로다(고후 6:2).

15 | 인생의 오르막 길과 내리막 길

천재로 불리는 한 젊은이가 있었다. 공부를 얼마나 잘했던지 그의 인생은 늘 오르막길이었다.

그는 주위 사람들의 기대대로 최고의 명문대학 하버드 대학의 교수로 명성을 떨쳤다.

그가 집필한 30여권의 책은 언제나 세간의 이목을 한 눈에 받는 베스트셀러가 되었다.

많은 사람들이 그를 만나보고 싶어 했다.

그러던 어느 날….

그는 대중 앞에서 폭탄선언을 했다.

"하버드대 교수직을 내려놓겠습니다. 나는 이제 정박아 시설로 들어가 새로운 인생의 길을 찾아 나설 것입니다."

그러자 그의 지인들이 저마다 손사래를 쳤다.

"차라리 후학을 양성하는 편이 더 나은 선택 아닐까요?"

그가 말했다.

"오르막 인생길은 늘 성공과 칭찬에 가려있어 예수님이 보이지 않습니다. 그래서 나는 이제 내리막 인생길을 걷고자 합니다. 이유는 간단합니다. 예수님을 가까이 하고 싶어서

입니다."

이 사람이 바로 「상처 입은 치유자」를 쓴 '헨리 나우웬'이다.

그는 인생 말년에 메사추세츠 정박아시설로 들어가 죽을 때까지 장애우들을 돌봐 주었다.

그는 대부분의 사람들이 원하는 오르막 길을 포기하고, 사람들이 가기 싫어하는 내리막 길을 걸었다.

누구나 다 이렇게 자기 직업이나 특권을 내려놓고 내리막 인생길을 살 수는 없을 것이다.

하지만 어디든 주님이 부르시는 곳이고, 하찮은 곳이라 할지라도 기쁨으로 사명을 감당한다면, 그의 삶은 가장 성공한 삶으로 평가받을 것이다.

 예화와 관련된 말씀

내가 달려갈 길과 주 예수께 받은 사명 곧 하나님의 은혜의 복음을 증언하는 일을 마치려 함에는 나의 생명조차 조금도 귀한 것으로 여기지 아니하노라(행 20:24).

16 인생의 초점

세계에서 부자로 유명한 록펠러(*Rockefeller*)는 33세가 되었을 때, 최초로 자기 인생에서 100만 불의 순수한 이익을 얻는 백만장자가 되었다. 43세에는 미국에서 가장 커다란 회사를 소유했고, 53세에는 억만 장자가 되어 세계 최대의 부호(富豪)가 되었다.

그런데도 그는 53세까지 행복한 사람이 되지 못했다. 그에게는 알로피셔(*alopecia*)라는 탈모증 비슷한 병이 있었는데 머리카락과 눈썹이 빠지고 몸이 초췌하게 말라 가는 병이었다. 어느 날 그는 의사로부터 결정적인 소식을 들었다.

"이런 상태로 1년을 견딜 수 있을까 싶습니다."

그 선언을 들은 그날 밤 그는 잠을 이루지 못하고 괴로워했다.

그 당시 사업은 너무나도 잘돼서 하루에 100만 불을 벌었지만, 그는 먹지도 못하고 자지도 못하는 허무한 생각이 들었다. 밤새 괴로워하다가 한 순간 그는 침대에서 벌떡 일어나서 "돈은 아무것도 아니다! 하나님은 모든 것 되신다."라고 소리쳤다. 그리고 그는 그 자리에 털썩 주저앉아 침대 곁에 무릎을 꿇고 기도하기 시작했다.

기도와 함께 새벽을 맞이한 록펠러의 인생은 그 다음부터 달라졌다. 피상적으로 교회에 나갔던 모습은 사라지고 성실하게 교회에 출석하며 진정한 그리스도인이 되었다. 그는 신실하게 신앙생활을 시작한지 얼마 지난 후 교회 하나를 지었다. 그 교회가 바로 뉴욕에 있는 유명한 리버사이드 교회이다.

그리고 그는 록펠러 재단을 만들어 가난한 사람들을 돕는 의료사업을 위해서 자기의 모든 재산을 쏟아 부었다. 이러한 결단을 내린 직후 이상하게도 그는 잘 먹기 시작했고 잠도 잘 자게 되었다. 의사들은 그가 거의 55세를 넘기기 어려울 것이라고 판단했지만 이 록펠러는 98세까지 살았다.

 예화와 관련된 말씀

그런즉 너희는 먼저 그의 나라와 그의 의를 구하라 그리하면 이 모든 것을 너희에게 더하시리라(마 6:33).

17 | 전진하는 인생

1961년 9월 30일은 이화여대 총장이셨던 김활란 박사님께서 이임하시는 날이었다. 이임식장의 분위기는 그녀의 이임을 아쉬워하는 흐느낌 소리가 이곳저곳에서 들려 매우 침통했다.

마침내 김활란 박사님께서 단상에 오르셨다. 그런데 오르자마자 갑자기 민요를 부르기 시작했다.

"내가 가면 아주 가며 아주 간들 잊을소냐. 닐리리야 닐리리야 니나노 얼씨구 좋다."

이임식장은 갑자기 웃음바다가 되었다. 이어서 그는 담담하게 이임사를 낭독하다가 이렇게 마무리를 지었다.

"시인인 로버트 브라우닝의 시 가운데는 이런 구절이 있습니다."

'가장 좋은 것은 앞날이 있네.
맨 처음의 일은 오직 그것을 위하여 있나니.'

"이 시는 저의 경우와 같습니다. 저 역시 학교를 그만두는 것이 참으로 아쉽지만 이것으로 인생을 끝맺는 것이 아니라, 다만 더욱 나은 미래를 향해 전진하기 위해서 떠나갑니다."

 예화와 관련된 말씀

형제들아 나는 아직 내가 잡은 줄로 여기지 아니하고 오직 한 일 즉 뒤에 있는 것은 잊어버리고 앞에 있는 것을 잡으려고(빌 3:13).

이 모든 것을 내가 마음에 두고 이 모든 것을 살펴 본즉 의인들이나 지혜자들이나 그들의 행위나 모두 다 하나님의 손 안에 있으니 사랑을 받는지 미움을 받는지 사람이 알지 못하는 것은 모두 그들의 미래의 일들임이니라(전 9:1).

18 │ 주지사가 된 이민 소년

휴 애런슨은 18세의 젊은 나이에 고향 스웨덴을 떠나서 혼자 미국으로 이민을 갔으나 누구 한 사람 반겨주는 사람도 없었고, 일자리를 찾기도 쉽지 않았다. 마침내 가지고 있던 돈도 다 떨어지고 말았다.

하루는 허기진 배를 움켜쥐고서 무작정 서부로 가는 기차 화물칸에 올라탔으나 그만 열차 승무원에게 발각되어 실컷 얻어맞고 열차에서 쫓겨나고 말았다. 매 맞은 몸으로 강가에 쪼그리고 앉아있는 강물에 비친 자신의 모습이 그렇게도 처량해 보일 수가 없었다.

'차라리 저 강물에 몸을 던져 버릴까' 하는 생각도 들었다. 그러나 그때 불현듯 그의 마음속에 떠오르는 성경 구절이 하나 있었다.

"내가 선한 싸움을 싸우고 나의 달려갈 길을 마치고 믿음을 지켰으니…"

그는 그 말씀을 가만히 묵상하면서 스스로에게 질문을 던졌다.

'나는 지금까지 나의 인생길에서 얼마나 힘 있게 뛰어보

앉는가?

그는 그 자리에서 두 주먹을 쥐고 일어났다. 그리고는 자기가 지나온 모든 과거를 흘러가는 강물 위에 떠내려 보내기로 했다. 그리고는 힘 있게 뛰어보기로 결심을 했다.

30년 후, 휴 애런슨은 몬테나 주의 영광스러운 주지사로 선출되었다. 현실이 어렵다고 해서 용기를 잃지 말아야 한다. 내일을 바라보면서 힘차게 달려야 한다.

 예화와 관련된 말씀

나는 선한 싸움을 싸우고 나의 달려갈 길을 마치고 믿음을 지켰으니(딤후 4:7).

무슨 일을 하든지 마음을 다하여 주께 하듯 하고 사람에게 하듯 하지 말라(골 3:23).

19 | 짧은 인생

한 설교자는 자신의 어떤 글에서 미국 사람들이 평균 75년 정도를 산다고 기준할 때 그 75년을 어떻게 사용하며 사는지 설명했다.

그의 글을 보면 사람들은 20년은 잠자는 데, 20년은 일하는데, 7년은 노는데, 6년은 먹는데, 5년은 텔레비전 보는데, 5년은 내가 어떤 옷을 입을 것인가 고민하며 옷을 사는 쇼핑에 시간을 보내고, 3년은 누군가를 만나고 기다리는 일에 소모하고, 2년 반은 화장실에서, 2년 반은 잡념과 잡생각을 위해서 그리고 일생 중 2년은 커피를 마시는 일에, 그리고 1년은 전화 받는 일 등에 75년의 시간을 사용했다는 내용이었다.

그래서 어떤 사람이 우리의 인생을 아침 6시부터 저녁 12시까지 나눠 생각해 보았다.

15살이라면 그 학생은 아침 9시 38분을 지나고 있는 것이다. 20세라면 10시 51분, 25세라면 12시 4분, 30세라면 1시 17분, 45세라면 4시 56분, 50세라면 6시 8분, 55세라면 7시 55분, 60세가 되면 저녁 8시 34분을 맞이하고 있는 것이다.

만일 당신이 65세라면 9시 47분, 70세라면 11시, 70세를 넘으셨다면 당신은 12시에 가까워지고 있는 것이다.

하나님 앞에 서서 우리의 삶을 결산한다면 우리는 우리의 삶에 가장 중요한 무엇을 드릴 수 있을까? 이 짧은 인생에서 우리에게 가장 소중한 것이 무엇인지 다시 생각해 보아야 할 것이다.

 예화와 관련된 말씀

외인에게 대해서는 지혜로 행하여 세월을 아끼라(골 4:5).

이제 후로는 나를 위하여 의의 면류관이 예비되었으므로 주 곧 의로우신 재판장이 그 날에 내게 주실 것이며 내게만 아니라 주의 나타나심을 사모하는 모든 자에게도니라(딤후 4:8).

20 | 창조적인 삶

미국 샌프란시스코 남부에 가면 꽃들이 많이 있는 로스 알토힐이라는 꽃마을이 있다. 그 거리에는 아주 아름다운 꽃들이 있는데 그 곳에 아름다운 꽃이 피게 된 이야기이다.

오래 전에 이 도시에는 요한이라는 우편 배달원이 있었다. 그는 매일 똑같은 자전거를 타고 항상 똑같은 길로 "편지 왔어요, 소포 왔어요"라고 외치며 우편물을 배달했다. 그는 열심히 쳇바퀴처럼 순환되는 삶을 15년 동안 살았다.

그러나 서서히 중년이 되면서 인생과 직업에 대한 회의와 위기를 느끼게 되었다. 그는 자신의 단순하고 단조로운 삶에 싫증이 났다. 그는 이 우편배달 일을 계속 할 것인지, 아니면 다른 일로 바꿀 것인지, 바꾼다면 어떤 일을 할 것인지에 대해 매일 고민했다. 그리고 기도했다.

그랬더니 하나님은 그 일을 계속하라고 하셨다. 그는 하나님께 그 일이 너무나 지겹고 지루한데 어떻게 계속하느냐고 묻자 하나님께서 그 일을 계속하면서 보람 있게 살 수 있는 방법을 생각해 보라고 말씀하셨다. 계속 이 문제로 기도하던 그에게 어느 날 좋은 생각이 떠올랐다.

'그래, 그것 참 좋은 방법이로구나. 자, 이제부터 다르게 살아보는 거야.'

그는 여전히 똑같은 직업을 가지고 똑같은 거리를 똑같은 자전거로 똑같은 말을 하면서 돌아다녔다.

그러나 달라진 것이 하나 있었는데, 그것은 우체부 가방 안에 꽃씨를 넣고 다니며 지나가는 집집마다 계속해서 꽃씨를 뿌리는 것이었다.

어떤 꽃씨는 죽기도 했지만 어떤 꽃씨는 세월이 지나면서 그가 지나가는 길에 아름다운 꽃을 피우기 시작했다. 그가 지나가는 거리는 꽃의 거리가 되었고 그가 다닌 마을은 꽃 마을이 되기 시작했던 것이다.

 예화와 관련된 말씀

> 그런즉 누구든지 그리스도 안에 있으면 새로운 피조물이라 이전 것은 지나갔으니 보라 새 것이 되었도다(고후 5:17).

21 | 최선의 삶

지미 카터가 쓴 「살아있는 신앙」이라는 책에는 이런 대목이 있다.

"우리들, 특히 신앙을 가진 사람들에게는 보다 높은 삶의 표준과 기대치가 있어야 한다. 그것은 말할 것도 없이 복음서를 통해 예수께서 보여 주신 삶의 원칙이다. 그런 기준들을 따르기 위해서 우리는 자진해서 때로는 억지로라도 최선을 다해야 한다고 믿는다. 탁월한 삶, 그것은 율법을 순종하는 그 이상이어야 한다고 나는 믿는다."

카터가 이러한 삶의 좌우명을 갖게 된 데에는 사연이 있다. 그가 해군사관학교를 졸업하고 임관을 받기 전에 유명한 해군 제독인 릭오버 제독과 면담을 갖게 되었다. 이 해군 제독은 젊은 해군장교인 카터에게 전술과 전략에서부터 군인의 자세, 태도에 이르기까지 날카로운 질문을 던졌다.

카터는 땀을 흘리면서 대답하기 위해 애를 썼다. 그런데 갑자기 이 제독이 화제를 돌려서 해군사관학교 시절에 어떻게 살았고 어떻게 공부했는가를 물었다. 또한 웃으면서 성적은 어떠했느냐고 물었다. 카터는 성적에는 자신이 있어

점수와 등수를 대답했더니 대뜸 이렇게 물었다.

"그 성적이 자네가 최선을 다한 결과인가?" 카터는 식은땀을 흘리며 이렇게 대답했다.

"글쎄요. 최선을 다했다고야 할 수는 없겠지요."

"왜 최선을 다하지 않았다는 말인가?"

카터는 더 이상 답변을 할 수 없었다. 그날 밤 카터는 이런 생각을 했다. '내가 인생을 다 살고 주님 앞에 서는 날, 주님은 이 해군 제독이 던진 것과 비슷한 질문을 나에게 던지실지 모른다. 이때 만약 주님께서 이렇게 물으신다면 나는 어떻게 대답할까?'

그날 그는 인생의 좌우명을 얻었다.

"왜 최선을 다하지 않았는가?"

 예화와 관련된 말씀

> 각 사람의 공적이 나타날 터인데 그 날이 공적을 밝히리니 이는 불로 나타내고 그 불이 각 사람의 공적이 어떠한 것을 시험할 것임이라 만일 누구든지 그 위에 세운 공적이 그대로 있으면 상을 받고(고전 3:13,14).

22 | 테레사 수녀의 즐거운 인생

 수녀가 된 테레사는 인도의 캘커타로 갔다. 그녀는 거리를 지나다가 한 병이 든 여인을 발견했다. 그 여인은 아무도 돌보는 사람이 없어서 몸의 한쪽은 썩어가고 있었다. 그래서 길거리의 쥐들이 그 썩은 부위를 와서 파먹고 있었다. 이 참담한 모습을 바라보고 수녀는 지나가던 발걸음을 멈추었다. '힘없는 내가 무엇을 할 수 있겠는가?'

 그녀는 이런 생각 끝에 그냥 지나가려고 했다. 그런데 무엇인가가 그녀의 마음을 잡아 당겼다. '네가 도와야 한다.' 그녀는 순간적으로 이런 기도를 했다.

 "하나님! 저는 못해요." 그때 음성이 들려왔다.

 "내가 도와도 못하겠느냐?"

 "하나님이 함께 하신다면 가능하겠죠."

 그녀는 그냥 지나가려던 발걸음을 돌이켜서 이 여인에게로 가서 그 여인을 들쳐 엎었다. 그리고 그 여인을 자기 집으로 데리고 와 돌보기 시작했다. 그 후 그녀의 곁에는 불쌍한 사람이 한 사람, 두 사람, 세 사람 계속 늘어가기 시작했다. 사람이 늘어나자 이제 더 이상 사람들을 집으로 데려올 수 없었다.

그녀가 이 세상을 떠나기 수년 전에 영국 BBC 뉴스의 언론인이었던 멀컴 머코리치가 캘커타에 있는 테레사의 병원을 방문한 적이 있었다. 가만히 병원을 관찰해 보니까 사람들이 병원에서 봉사만 하는 것이 아니라 너무 행복한 모습을 보게 되었다. 그는 그런 모습을 보며 테레사에게 이런 질문을 던졌다.

"힘들지 않으십니까?"

그녀는 그 질문에 이런 흥미 있는 대답을 했다.

"힘들지요. 힘들지요. 그러나 즐겁습니다. 주님이 함께 하시기 때문입니다."

우리가 신앙을 가졌다고 해서 힘든 게 없어진 것은 아니다. 그러나 다른 사람들과 다른 즐거운 인생을 사는 이유는 주님이 함께 하시기 때문이다.

 예화와 관련된 말씀

> 내가 사망의 음침한 골짜기로 다닐지라도 해를 두려워하지 않을 것은 주께서 나와 함께 하심이라 주의 지팡이와 막대기가 나를 안위하시나이다(시 23:4).

23 | 평범한 진리

캐나다의 한 가난한 집안에서 태어나 당대에 거부가 된 깁슨(Gipson)이라는 사람이 있다. 그는 처음에 물방앗간 심부름꾼으로 갖은 고생을 겪으면서도 하나님의 도우심을 의지하였다. 그리고 언제나 자신에게 주어진 일에 최선을 다하려 하였다.

자신의 성실함과 하나님의 도우심으로 깁슨은 마침내 산림 20만 에이커와 철도 280 마일을 소유하는 부자가 되었다.

인터뷰를 위해 찾아온 기자가 성공의 비결을 물었다.

"후배들을 위해 선생님의 성공담을 말씀해 주시기 바랍니다."

그는 이렇게 대답했다.

"저는 세 가지를 꼭 지켰습니다. 첫째는 절대로 술을 마시지 말 것, 둘째는 수고하는 것을 싫어하지 말고 부지런히 일할 것, 셋째는 하나님을 믿고 매사에 염려하지 않는 것이었지요. 이 세 가지가 오늘의 저를 있게 만든 것입니다."

그러자 그 기자는 이상하다는 듯이 다시 되물었다.

"그거야 누구나 다 아는 평범한 이야기가 아닙니까?"

그때 깁슨은 웃으며 이렇게 말했다고 한다.

"그렇습니다. 하지만 알고 있다는 것은 중요한 일이 못됩니다. 누구나 다 아는 평범한 진리이지만 실천하지 않는다면 무슨 소용이 있겠습니까? 정말로 중요한 것은 작은 것 하나라도 실천에 옮기는 것입니다."

사람들은 특별한 이야기를 듣고 싶어 한다. 그리고 아무것도 실천하지 않는다. 그래서 그들은 성공의 기쁨을 누리지 못한다.

그러나 특별한 이야기가 아닐지라도 듣고 행동으로 옮기는 사람은 성공할 수 있다. 평범함 이야기를 비범하게 듣고 돌이켜 행동에 옮기는 사람은 결코 후회하는 삶을 살지 않을 것이다.

 예화와 관련된 말씀

> 성도들의 인내가 여기 있나니 그들은 하나님의 계명과 예수에 대한 믿음을 지키는 자니라(계 14:12).

24 | 포기 할 줄 아는 지혜

올랜도 매직 농구팀의 감독인 팻 윌리암스의 저서 「올랜도 매직의 성공 비밀」의 내용 중 재미있는 디즈니의 한 일화이다.

디즈니 초창기에 워드 킴벨이라는 전설적인 만화가가 있었는데, 그는 23살에 미술대학을 졸업하여 월트 디즈니사에 스카웃되어 입사하였다. 그 당시 10분을 초과하는 만화가 없었는데, 그는 최초로 영화 길이와 맞먹는 '백설공주와 일곱 난쟁이' 라는 야심만만한 작품을 만들었다.

그가 이 작업을 하면서 그린 많은 그림들 중, 백설공주를 위해 난쟁이들이 수프를 끓여서 바치는 장면이 있다. 그런데 그 장면은 불과 4분 30초밖에 되지 않았지만, 그 장면을 위해 그는 무려 8개월 동안이나 혼신을 다해 그렸다. 그는 자신의 그림에 매우 흡족해 하며 월트 디즈니 사장에게 그것을 갖다 드렸다. 디즈니 사장은 그림을 보더니 매력적이고 참 잘됐다고 칭찬했다.

그러나 얼마 후 뜻밖의 일이 벌어졌다. 그렇게 힘들게 완성한 그 장면이 영화의 전체 줄거리에는 별 의미가 없다는 이유로 삭제되었다는 말을 사장으로부터 듣게 된 것이다. 그의 8개월 동안의 모든 노력이 헛수고가 되는 순간이었다. 그는 그 날 밤잠을 이루지 못하고 뒤척이는데 새벽녘쯤 자꾸만 사장의 얘기가 귓전을 맴돌았다.

"전체 줄거리에 별 의미가 없잖아. 오히려 이야기 흐름에 방해가 된단 말이야."

이 말을 곰곰이 되씹어보다가 그는 사장의 말에 동의하게 되었다. 작품 자체는 매력적이지만 전체 줄거리에 별 의미가 없다고 판단한 그는 자신의 그림을 깨끗이 포기하였다. 포기를 배운다는 것을 매우 중요한 것이다.

 예화와 관련된 말씀

또한 모든 것을 해로 여김은 내 주 그리스도 예수를 아는 지식이 가장 고상하기 때문이라 내가 그를 위하여 모든 것을 잃어버리고 배설물로 여김은 그리스도를 얻고(빌 3:8).

25 | 헛된 인생의 목표

 과거 러시아의 수도인 페체르부르크에 아까끼에비치라는 노인의 평생 소원은 고급 외투를 갖는 것이었다. 그런 것이 어떻게 인생의 목표가 될 수 있을지 의아하게 생각할지 몰라도 그의 소원은 오직 고급 외투였다. 그 노인은 인생의 목표를 달성하기 위하여 평생 동안 일하고 저축했다. 오직 고급 외투를 위해서 열심히 노동을 했다.

 그리고 드디어 그는 80루블의 돈을 저축하여 꿈에 그리던 그 외투를 샀다. 그 노인은 그 고급 외투를 입고 한 번 고급 사교파티에 멋지게 등장해서 그 곳에 모인 사람들에게 외투를 자랑하고 싶었다. 그 날은 노인에게 성공한 날이자 인생의 목표를 이룰 수 있는 날이었다. 그의 마음은 큰 기대감과 흥분된 마음으로 가득 찼다.

 그러나 안타깝게도 그는 외투를 사 가지고 집으로 돌아오다가 그만 강도를 만나게 되었다. 힘없는 노인은 강도에게 그 비싼 고급 외투를 강탈당했다. 그 노인은 단순히 고급 외투를 강탈당한 것이 아니었다. 그날 그는 그의 성공을 강탈당하고 그의 행복을 강탈당했다. 그날 이후 그 노인은 좌절의 늪에 빠졌고 너무 속상한 나머지 하루하루를 시름시름 앓다가 결국 죽고 말았다. 그 후에 페체르부르크에 추운 겨울 되면 이 거리에 이 노인의 유령이 나타나서 비명처럼 지르는 소리가 사람들의 귀에 들렸다고 한다.

이 이야기는 고골리라는 사람이 쓴 단편소설, 「외투」라는 소설에 나오는 이야기이다.

어떤 사람은 열심히 돈을 벌어서 좀 더 좋은 아파트에 한 번 들어가는 것을 평생소원으로 하고 있는 사람도 있다. 소유에서 인생의 행복을 찾는 사람들이 많이 있다. 우리가 잘 아는 에리히 프롬이라는 심리학자는 '소유에 행복이 없다. 행복은 존재에 있다. 행복은 '나' 라는 존재에 있다.' 라고 말했다. 소유가 결코 우리에게 행복을 가져다주지 못한다.

 예화와 관련된 말씀

주의 율례들에서 떠나는 자는 주께서 다 멸시하셨으니 그들의 속임수는 허무함이니이다(시 119:118).

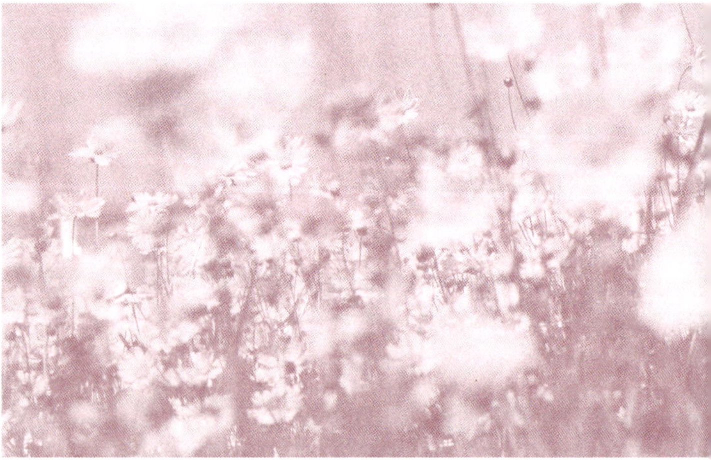

02
사람의 걸음을 정하시고

여호와께서 사람의 걸음을 정하시고 그의 길을 기뻐하시나니(시 37:23).

01 | 현명한 선택

어떤 사람이 점점 시력이 악화되어 눈이 멀어가고 있었다. 그래서 그의 담당의사가 그에게 수술할 것을 권유했다. 수술은 성공적이어서 그의 시력은 정상으로 되돌아 왔다. 그런데 수술 중 뇌의 신경을 다쳐서 그의 기억력에 이상이 생겼다. 그래서 다시 한 번 수술을 한 결과 이번에는 기억력은 되살아나고 시력은 나빠졌다.

그러자 의사는 당황을 해서 환자에게 질문을 했다.

"어느 것을 택하겠습니까? 시력이요, 아니면 기억력입니까?"

한참을 생각한 다음에 환자는 이렇게 대답을 했다.

"시력을 되찾겠습니다. 지나간 일을 기억하는 것 보다는 앞으로 될 일을 눈으로 보는 것이 낫겠지요." 참으로 현명한 선택이라고 생각이 된다.

이와 같이 선택을 잘하면 좋은 결과가 있지만 잘못 선택하면 불행한 결과가 오게 된다.

사람들은 누구나 날마다의 생활과 그 순간 속에서 선택의 문제에 부딪히게 된다.

가정의 주부는 음식을 만들 때마다 재료를 선택한다. 음식에 넣을 재료들이 잘못 선택되어진다면 음식의 맛은 버려질 것이다. 간혹 이걸 선택하든, 저걸 선택하든, 아무렇게 선택을 하든 별 문제가 없을 경우도 있습니다만,

　인생에 있어서 가장 중요하고도 심각한 문제들에 직면하게 되면 선택을 잘하고 못하고에 따라서 그 결과가 크게 차이가 나게 된다.

 예화와 관련된 말씀

내 아들아 너는 듣고 지혜를 얻어 네 마음을 바른 길로 인도할지니라(잠 23:19).

02 | 현재에 충실

 11세기 독일에 살았던 왕 하인리히 3세는 어느 날 왕궁 생활에 대한 깊은 회의와 허무를 느껴 수도사가 되기로 결심했다. 그래서 그는 수도원을 찾아가 수도원장에게 수도사가 되기를 원한다고 말했다. 수도원장은 그가 수도사가 되려는 동기가 올바르지 않다며 한 가지 질문을 던졌다.

 "폐하, 수도사가 되기 위해서는 반드시 지켜야할 규율이 있는데 그것은 바로 절대적인 순종입니다. 수도사가 되려면 폐하도 이 규율을 지켜야 합니다. 하나님의 어떠한 명령에도 절대적으로 순종할 수 있습니까?"

 "그렇소!"

 "우리 수도원에서 말하는 하나님께 대한 순종이라는 것은 구체적으로 이 수도원 원장인 저와 이 수도원에서 지도하는 모든 스승들에 대한 절대적인 순종을 요구합니다. 거기에도 순종할 수 있습니까?"

 "알겠소. 그렇게 하겠소."

 "그러면 이제 첫 번째 명령을 내리겠습니다. 폐하는 다시 왕궁으로 돌아가셔서 백성 다스리는 일을 잘 하시기 바랍니다. 백성을 잘 다스리지 못하는 자는 하나님을 위한 수도사가 될 수 없습니다."

우리가 하나님께서 우리에게 주신 삶의 자리에서부터 인내하고 하나님을 신뢰하고 살아간다면 장차 우리에게 어떠한 환경이 찾아오더라도 승리할 수 있다.

 예화와 관련된 말씀

생각하건대 현재의 고난은 장차 우리에게 나타날 영광과 비교할 수 없도다(롬 8:18).

03 | 샴페인을 붓는 선수들

1987년, 미네소타 트윈스의 인기 스타 커비 푸켓은 어릴 적 꿈꾸던 야구의 영웅이 되었다. 그는 월드 시리즈의 마지막 경기를 승리로 이끌어 팀의 우승에 결정적 기여를 했다.

몇 주 후에 나는 트윈스 팀의 유격수인 그레그 게인의 인터뷰 내용을 들었다.

게인은 그 극적인 승리 후에 선수 대기실에서 어떤 일이 벌어졌느냐는 질문을 받았다. 그는 선수들이 고함을 치며, 열정적으로 껴안고, 서로 머리에다 샴페인을 부었다고 했다.

그러나 그가 가장 인상 깊게 기억하고 있었던 것은 시상식을 10분 남겨놓고 푸켓이 놀라우리만치 조용하게 있었으며, 이를 지켜본 것이 가장 마음에 남는다고 했다.

게인은 월드시리즈 영웅에게로 발길을 돌려 그 옆에 앉아 조심스럽게 그 이유를 물었다.

이때 푸켓은 이렇게 한탄했다.

"만약 이것이 인생의 전부라면, 인생은 참으로 공허한 것이군."

하나님에 대한 생각과 영원한 것에 대한 생각을 제외한 모든 환상과 꿈은 궁극적으로 공허할 수밖에 없다.

 예화와 관련된 말씀

주께서 죄악을 책망하사 사람을 징계하실 때에 그 영화를 좀 먹음 같이 소멸하게 하시니 참으로 인생이란 모두 헛될 뿐이니이다(시 39:11).

전도자가 이르되 헛되고 헛되며 헛되고 헛되니 모든 것이 헛되도다 해 아래에서 수고하는 모든 수고가 사람에게 무엇이 유익한가 한 세대는 가고 한 세대는 오되 땅은 영원히 있도다(전 1:2~4).

04 | 시간과 기회

세 명의 아들을 둔 자상한 아버지가 있었다. 이 아버지는 자식들의 어려움을 어떤 방법으로든지 모두 해결해 주는 정말 좋은 아버지였다. 연말이 되자 아버지가 세 아들을 불렀다.

"벌써 한 해가 다 갔구나. 그 동안 너희들은 어떻게 한 해를 보냈는지 말해 보아라."

아버지의 이 이야기에, 첫째 아들이 우울한 표정을 감추지 못하고 대답했다.

"예, 저는 한 해 동안 사업이 내내 부진하여 많은 돈을 잃었습니다."

그러자 아버지가 여유 있게 말했다.

"애야, 그런 일에 그렇게 우울해 할 필요는 없다. 네가 잃은 돈은 이 아비가 다 회복시켜 줄 테니 자신감을 잃지 마라!"

둘째 아들이 대답했다.

"저는 연초에 직장 상사와 서로 오해하여 크게 다투었다가 지금은 미움을 받아 한직으로 밀려나 힘든 근무를 하고 있습니다."

"애야, 사람이 살다 보면 그렇게 일이 잘 안 풀릴 때도 있단다. 그것도 그리 걱정하지 마라. 내가 네 직장 상사를 찾아가 너에 대한 오해를 풀어 달라고 얘기해 보겠다."

끝으로 셋째가 대답했다.

"예, 저는 1년 동안 아무 일도 없었습니다. 그러나 사실, 연초부터 무언가를 해 보려고 생각은 많이 했지만, 아직도 시작을 하지 못하고 있습니다."

셋째의 이 말에 아버지는 앞의 두 아들에게 보여 주었던 여유 있던 태도와는 달리 몹시 침통한 표정이 되더니 깊은 한숨까지 내쉬며 이렇게 말했다.

"너는 정말 한 해를 잘못 보냈구나! 이 세상에서 무엇보다 값지고 소중한 시간을 아무 것도 하지 않고 보냈으니 말이다. 이 아비도 그것만큼은 도무지 보상해 줄 방법이 없구나!"

 예화와 관련된 말씀

> 그에게서 그 한 달란트를 빼앗아 열 달란트 가진 자에게 주라 (마 25:28).

05 실패한 사람의 열 가지 공통점

카네기에 실패한 사람의 열 가지 공통점이 기록되어 있다.

첫째로 모든 책임을 남에게 전가한다고 한다. 무슨 일이든지 잘못한건 '너 때문이다.' 라고 전부 전가 한다.

두 번째는 열등의식이 많다. '나 같은 게 뭐' 열등감이 너무 많다.

세 번째는 삶의 목표가 없다. 되는대로 산다.

네 번째는 쉽게 포기한다. 하다가 안 되면 치워버리고 안 되면 치워버리고.

다섯째는 과거에 매여 있다. 사람은 멀리 바라보고 미래의 꿈을 가지고 나아가야 되는데 과거에 자꾸 매인다. 독창력과 계획이 전혀 없다. 되는 데로 산다.

또한 여덟 번째는 인생의 지름길을 찾는다. 쉽게 돈 벌고 쉽게 뭐 요래 가지고 쉬운 것만 찾지, 세상에 좋은 것은 쉬운 게 하나도 없다.

잘되는 것은 영원히 축복 받는 것은 쉬운 일이 하나도 없고, 죄짓고 나쁜 길 안 되는 길은 쉬운 길인데 전부 그런 것만 찾는다. 인생의 지름길을 찾아 인생을 낭비한다.

아홉 번째 자신의 능력에 대한 신뢰가 없다. 하나님이 나와 함께 하실 때에 나를 통하여 일하실 놀라운 일에 대한 신뢰가 없다.

 열 번째는 패배에 대한 원인 분석이 없다라고 한다. 열 번을 잘못되어도 잘못한 것을 통하여 교훈을 얻어서 새로운 것을 창조하고 변화를 받아야 되는데, 실패를 반복하는 삶이 바로 이 열 가지 요소라는 것이다.

 예화와 관련된 말씀

게으른 자여 개미에게 가서 그가 하는 것을 보고 지혜를 얻으라 개미는 두령도 없고 감독자도 없고 통치자도 없으되 먹을 것을 여름 동안에 예비하며 추수 때에 양식을 모으느니라 게으른 자여 네가 어느 때까지 누워 있겠느냐 네가 어느 때에 잠이 깨어 일어나겠느냐 좀더 자자, 좀더 졸자, 손을 모으고 좀더 누워 있자 하면 네 빈궁이 강도 같이 오며 네 곤핍이 군사 같이 이르리라(잠 6:6~11).

06 | 영적 부흥을 위한 5가지 결심

18세기 미국 사회에 큰 영향을 끼친 영적 부흥 운동이 일어났다. 이른바 '대각성운동'이다. 이 운동은 혼란스러운 시대에 빛이 되고 소망이 되었다.

프린스턴대를 비롯, 유수한 대학들도 이 운동의 영향으로 세워졌다. 이 운동의 선두에는 조나단 에드워드가 서 있었다.

회중교회 목사의 아들로 태어난 그는 '시대의 목회자요, 신학자'였다. 그가 어떻게 시대의 사명을 감당할 수 있었을까?

그는 매일 다섯 가지 결심을 고백하며 자신을 새롭게 했다.

① 살아가는 동안은 나의 모든 힘을 다해 살아간다.
② 한 순간의 시간이라도 결코 놓치지 않고 내가 할 수 있는 한 가장 유익한 방법으로 그것을 선용한다.
③ 아무리 큰 이익이 된다고 하더라도 타인들로부터 경멸의 대상이 되는 것이라면 결코 취하지 않는다.

④ 어떠한 일도 원한 때문에 하지 않는다.
⑤ 인생에 있어서 마지막이 될지 모르는 좋은 기회라고 하더라도 하나님 보시기에 안 좋은 일이라면 선택하지 않는다.

 예화와 관련된 말씀

무슨 일을 하든지 마음을 다하여 주께 하듯 하고 사람에게 하듯 하지 말라(골 3:23).

07 | 옛 생활을 버리지 못하는 삶

 옛날 중국의 어진 임금이 민정 시찰을 다니는 중에 다리 밑에서 거지 고아를 발견했다. 측은한 마음에 궁궐로 데려다가 목욕을 시키고 새 옷을 갈아 입혀 놓으니 거지 고아가 아니라 귀여운 소년이 되었다.

 마침 임금은 자식이 없던 터라 왕후와 의논하여 그 거지 고아를 왕자로 맞아들였다.

 왕자가 생긴 것을 축하하기 위해 온 궁궐이 떠들썩한 잔치를 벌렸다. 이제는 다리 밑에 사는 고아 거지가 아니라 당당한 임금의 아들 왕자가 된 것이다.

 임금은 자기 방 옆에 왕자 방을 꾸며 고급 침대에 비단 이불을 펼쳐서 그곳에서 왕자가 생활을 하도록 했다. 그런데 이게 웬일인가? 아침에 왕자 방에 가보니 왕자가 온데간데없이 사라진 것이었다. 임금은 신하들에게 왕자를 찾아오라고 호령하였다. 그러나 궁궐을 샅샅이 뒤져도 왕자는 없었다.

 그때 지혜 있는 신하 한 사람이 급히 전에 왕자가 생활하던 다리 밑으로 가 보았더니 왕자가 거적 떼기를 덮고 단잠을 자고 있었다. 왕자를 궁중으로 데려왔으나 다음날 밤에도 왕자는 궁을 빠져나가 더러운 거적 떼기를 쓰고 단잠을 잤다.

그 이튿날 임금 앞에 불려가 호되게 야단을 맞은 왕자는 도무지 고급 침대와 비단 이불에선 잠이 오지 않으니 밤에만 다리 밑에 가서 자게 해 달라고 간청했다. 임금은 "왕자가 되고서도 여전히 거지 고아의 생활을 버리지 못하는가?"라고 꾸짖으면서 만일 다시 거지 생활로 돌아가면 왕자의 입적을 취소하겠다고 엄히 명했다.

 예화와 관련된 말씀

너희가 서로 거짓말을 하지 말라 옛 사람과 그 행위를 벗어 버리고(골 3:9).

08 | 크리스천임을 자랑스럽게 생각하자

독일 사람들이 유태인을 멸시하기 위해 가슴에 노란별을 붙이고 다니게 하였다. 유태인들은 모두 그 별을 달고 다녔다고 한다.

그러나 그들이 별을 단 이유는 독일인이 무서워서가 아니라 유태인이라는 것을 자랑스럽게 여겼기 때문이었다.

어린아이에게 노란별을 달아주면서 엄마들이 해준 말은 '너희는 자랑스러운 유태인임을 잊지 말아라.' 는 당부였다고 한다.

유태인이 나라 없이 2천년을 살면서도 민족을 버리지 않고 다시 나라를 세울 수 있었던 근본적인 힘은 바로 그것이었다.

세상에 믿지 않는 사람이 3배쯤 많다고, 또 예수님 믿는 것을 부담스럽고 고통스럽다고 해서 믿지 않는 것처럼 행동하는 것은 부끄러운 일이다.

크리스천이 사회생활에서 제일 먼저 해야 할 일은 자신이 크리스천임을 모든 사람들에게 알리는 일이다.

말로 밝히든지 아니면 식사 때 기도를 한다든지 해서 자신이 크리스천임을 밝혀야 한다. 유태인이 노란별을 자랑스럽게 달고 다녔듯이 우리도 크리스천임을 자랑스럽게 여길 수 있어야 한다.

 예화와 관련된 말씀

> 그의 성호를 자랑하라 여호와를 구하는 자마다 마음이 즐거울지로다(대상 16:10).
>
> 그러므로 너희가 견디고 있는 모든 박해와 환난 중에서 너희 인내와 믿음으로 말미암아 하나님의 여러 교회에서 우리가 친히 자랑하노라(살후 1:4).

09 가치 있는 인생

미국의 사회학자인 안토니 캠보로 박사가 95세 이상을 산 노인 50명에게 설문을 보내서 다음과 같은 연구조사를 했다.

"만일 당신이 다시 한 번 살 수 있다면 어떻게 살 것입니까?"

위의 질문에 대부분의 사람들이 다음 세 가지로 대답했다고 한다.

첫째, 늘 여유를 가지고 삶을 돌아보며 살기를 원한다고 했다. 바쁘고 정신없이 살아가는 것이 아니라 내 삶을 뒤돌아보면서 보다 값진 삶을 살고 싶다고 말했다.

둘째, 좀 더 모험을 하며 살고 싶다고 했다. 현실 처리에만 급급한 것이 아니라 멀리 바라보고 좀 더 모험심을 가지고 살고 싶다고 말했다.

셋째, 죽은 뒤에도 이름을 남길 수 있는 일을 하고 싶다고 했다. 내 삶이 죽음으로 끝나는 것이 아니라 죽은 다음에도 내가 한 일과 내가 살아왔던 삶이 남에게 도움과 모범이 되도록 살고 싶다고 말했다.

결국 좀 더 가치 있는 시간, 좀 더 값있는 시간을 살고 싶다고 하는 고백이다.
이 설문을 통해서 우리는 우리의 삶을 한 번 되돌아 보며, 이 순간 최선을 다하며 가치있게 보내야 할 것이다.

예화와 관련된 말씀

> 푯대를 향하여 그리스도 예수 안에서 하나님이 위에서 부르신 부름의 상을 위하여 달려가노라(빌 3:14).

10 | 실패가 아닌 성공을 위한 계획

 어떤 청년이 22세에 인생의 첫 번째 사업에 실패하였고, 이듬해부터 지방의회선거에 세 번 입후보했으나 실패하였다.

 그 후에 38세 때, 하원의원선거에 도전했으나 그것도 떨어졌다.

 43세에 재차 하원의원선거에 도전했으나 또 낙선했다.

 46세에는 상원의원선거에 도전했으나 또 낙선했다.

 47세 되던 해 부통령선거에 도전했지만 낙선했다.

 49세 되던 해 또 다시 상원의원선거에 도전했지만 낙선했다.

 그러나 51세 되던 해인 1860년 그는 미국의 대통령에 당선된다. 그의 이름은 바로 '아브라함 링컨'이다.

 많은 이들이 당선축하 인사를 했다.

 "그렇게도 많이 실패하시더니 드디어 성공하셨군요."

 그러자 링컨은 미소를 지으며 이렇게 대답했다.

 "실패라고요. 저는 전혀 실패한 적이 없습니다. 성공은 나를 위한 하나님의 계획입니다. 그동안 마신 고배는 성공을 위한 소중한 경험의 축적이었을 따름입니다."

그는 자기 인생의 성공을 하나님이 계획하셨다는 믿음으로 살았던 것이다.

 예화와 관련된 말씀

오직 강하고 극히 담대하여 나의 종 모세가 네게 명령한 그 율법을 다 지켜 행하고 우로나 좌로나 치우치지 말라 그리하면 어디로 가든지 형통하리니(수 1:7).

그가 밤에 예수께 와서 이르되 랍비여 우리가 당신은 하나님께로부터 오신 선생인 줄 아나이다 하나님이 함께 하시지 아니하시면 당신이 행하시는 이 표적을 아무도 할 수 없음이니이다(요 3:2).

11 | 인생의 가르침이 담긴 편지

 소설 장 크리스토프(*Jean Christophe*)는 1915년 노벨 문학상을 수상한 프랑스의 문학가이자 사상가인 '로랭 롤랑'은 스무살이 될 무렵 작가가 될 것을 결심했지만, 미래에 대한 불안으로 자신의 결심에 확신이 서지 않았다.

 누군가로부터 조언을 받고 싶었지만 마땅한 살마이 없었다. 그렇게 한 달이 지난 어느 날, '톨스토이'의 소설을 읽고 난 롤랑은 다급하게 종이와 펜을 찾아 들고 편지를 쓰기 시작했다.

 톨스토이의 소설에 깊은 감명을 받은 그는 자신의 고민과 함께 인생의 교훈이 될 만한 가르침을 청하는 편지를 썼다.

 롤랑은 기대를 안고 톨스토이에게 편지를 보내면서도 답장이 오리라고는 확신을 하지 못했다.

 톨스토이는 당시 대문호로서 전 세계에 이름이 알려진 유명한 작가였기 때문에 무명의 젊은이가 보낸 편지에 답장을 해 줄리가 없다고 생각했다.

 그런데 정말 뜻밖에도 답장이 왔다.

 롤랑은 내용을 보기도 전에 세계적인 대문화가 보여 준 겸

손한 태도에 깊이 감동했다.

그래서 그날 이후로, 자신에게 오는 어떤 편지에도 일일이 답장을 보낼 정도가 되었다.

톨스토이가 보낸 답장에서, 롤랑은 단 한 문장 때문에 작가가 되겠다는 자신의 결심을 굳힐 수 있었다.

그것은 "작가로서의 참다운 조건은 인류에 대한 사랑"이라는 것이었다.

그는 작가가 된 뒤, 세계대전이 일어나자 전쟁을 반대하며 자신의 조국인 프랑스에서 전쟁을 그만 둘 것을 외쳤다.

또한 독일의 히틀러 내각이 자신에게 '괴테상'을 주겠다고 하자, 인류를 억압하는 정부가 주는 상은 받지 않겠다며 거절했다.

이렇듯 롤랑이 애국심보다는 인류애를 먼저 생각하고, 부당한 일에는 "모든 사람에게 반대하는 한 사람"으로 남을 수 있었던 것은 바로 한 통의 편지 때문이었다.

 예화와 관련된 말씀

> 우리가 시작할 때에 확신한 것을 끝까지 견고히 잡고 있으면 그리스도와 함께 참여한 자가 되리라(히 3:14).

12 | 쥐 실험

로제츠 로제탄 박사는 하버드 대학에서 '학생들과 쥐'를 상대로 다음과 같은 실험을 했다. 박사는 세 그룹의 학생들과 세 그룹의 쥐를 나눈 후, 첫째 그룹의 학생들에게 한 그룹의 쥐를 주면서 말했다.

"여러분은 행운아입니다. 천재적인 쥐를 다루게 되어서 여러분에게 큰 기대를 할 수가 있겠군요."

둘째 그룹의 학생에게도 한 그룹의 쥐를 주면서 말했다.

"여러분은 보통 쥐를 다루게 되었으니 보통 정도의 기대를 갖고 있습니다."

셋째 그룹의 학생들에게도 남은 그룹의 쥐를 주면서 말했다. "여러분은 바보 같은 쥐를 주게 되었으니 별로 기대할 것이 없겠군요."

그 후 6주간 같은 조건으로 실험을 하고 결과를 알아보았다. 실험 결과 천재라고 소개한 쥐들은 천재처럼 능란하게 행동했고, 보통이라고 소개한 쥐들은 보통의 실적을 올렸으며, 바보라고 소개한 쥐들은 형편없이 행동함을 알게 되었다.

사실 천재 쥐, 보통 쥐, 바보 쥐를 분류하여 준 것이 아닌데 학생들의 자세가 쥐에게 반사가 되었고 쥐들은 학생들의 자세에 따라 행동을 하였던 것이다. 이처럼 자세는 무언의 언어이다. 어떠한 기대와 자세를 갖느냐에 따라 상대의 틀을 만드는 것이다.

로젠탈, 자곰슨 등의 연구에 의해 피그말리온 효과는 밝혀진 것인데 교사가 학생에 대해 긍정적인 기대를 가지면 학생은 실제로 교사의 기대에 어긋나지 않게 된다. 인정과 기대를 높이 할수록 더 훌륭하게 된다는 이론으로 피그말리온 효과는 어릴수록 더욱 효과적이다.

우리가 대하고 있는 상대자에게 기대를 가지고서 그 기대를 표명하며 권고하는 것은 매우 중요하다. 우리 인생에 대해 긍정적인 기대와 하나님께서 우리 인생에게 향하신 기대를 기억해야 할 것이다.

 예화와 관련된 말씀

그런즉 너희가 먹든지 마시든지 무엇을 하든지 다 하나님의 영광을 위하여 하라(고전 10:31).

13 | 목표를 가리는 장애물

지금으로부터 약 50년 전 영국 해협을 헤엄쳐서 왕복한 수영선수 플로렌스 채드윅이라는 여성이 있었다. 그 후 1952년 7월 4일, 36세의 플로렌스는 로스엔젤레스(*Los Angeles*)에서 가까운 카타리나 섬에서부터 캘리포니아 해변까지 수영해서 가겠다는 선언을 했다. 그 선언은 미국에서 큰 화제가 되었고, 미국 전 지역에서는 그 도전 광경을 텔레비전을 통해 방송했다.

그리고 수많은 캘리포니아 사람들은 도착지점인 해변가에 와서 그녀를 기다리고 있었다.

그녀는 16시간 동안 계속 수영을 했다. 그런데 갑자기 짙은 안개가 몰려오기 시작했다. 그녀는 안개를 헤치고 사력을 다해 나아갔지만 자기의 힘이 점점 떨어지는 것을 느꼈다. 결국 그녀는 안타깝게도 기권하고 자기를 따라오던 구조선에 승선하게 되었다. 그런데 그녀가 배로 해변에 도달하고 보니까 안개 때문에 안보였던 도착지점이 포기한 지점에서 불과 500미터도 안 되는 거리였다.

이 실패 후에 그녀는 기자들과의 인터뷰에서 매우 흥미로운 대답을 했다.

"제가 실패한 이유는 추위 때문도 아니었습니다. 피곤했기 때문도 아니었습니다. 사실은 안개 때문이었습니다. 더 정확하게 말하면 안개로 인해 제가 목표를 볼 수 없었기 때문이었습니다. 목표 지점을 볼 수 있었다면 저는 어떻게 해서든지 도착했었을 것입니다."

그녀에게 있어서 안개는 마지막 장애물이었다. 그 장애물을 극복하지 못한 것이 실패의 요인이 되었다.

 예화와 관련된 말씀

> 주의 법을 사랑하는 자에게는 큰 평안이 있으니 그들에게 장애물이 없으리이다(시 119:165).
>
> 그러므로 여호와께서 이와 같이 말씀하시니라 보라 내가 이 백성 앞에 장애물을 두리니 아버지와 아들들이 함께 거기에 걸려 넘어지며 이웃과 그의 친구가 함께 멸망하리라(렘 6:21).

14 | 믿음 소망 사랑의 뿌리

뉴멕시코의 한 흑인 가정에서 슬픔의 시간이 다가오고 있었다. 오랜 병 끝에 마지막 숨을 거두는 어머니가 열 두 살 난 아이의 손을 잡고 최후의 말을 남기고 있었다.

"랠프야, 너에게 물려줄 것은 한 가지도 없구나. 그러나 엄마의 말을 잊지 말아다오, 아무리 괴로워도 믿음과 소망과 사랑을 놓쳐서는 안 된다, 알겠지? 믿음과 소망과 사랑을 잊지 말아."

랠프는 1년 사이에 아버지와 어머니를 잃고, 빈손이 된 고아가 되었다.

그는 로스앤젤레스의 할머니에게 인계되어 갖은 노동에 종사하면서도 최고의 교육을 마칠 수가 있었다.

그는 인종차별과 가난 속에서 수십 번 학교를 중단하려는 위기가 있었으나, 그때마다 어머니가 최후로 남긴 믿음과 소망과 사랑의 뿌리에 매달려 모든 고통을 극복한 것이다.

이 소년은 성장하여 아들은 소아마비가 되고, 가정적으로도 불행하였으나, 믿음 소망 사랑의 뿌리는 그로 하여금 국제 연합에까지 진출하여 인류를 위하여 큰 활약을 하게 한 것이다.

이 소년이 바로 흑인으로서 최초로 노벨 평화상을 탄 랠프 번치(Ralph Johnson Bunche, 1904~1971) 박사이다.

 예화와 관련된 말씀

내가 어렸을 때에는 말하는 것이 어린 아이와 같고 깨닫는 것이 어린 아이와 같고 생각하는 것이 어린 아이와 같다가 장성한 사람이 되어서는 어린 아이의 일을 버렸노라 우리가 지금은 거울로 보는 것 같이 희미하나 그 때에는 얼굴과 얼굴을 대하여 볼 것이요 지금은 내가 부분적으로 아나 그 때에는 주께서 나를 아신 것 같이 내가 온전히 알리라 그런즉 믿음, 소망, 사랑, 이 세 가지는 항상 있을 것인데 그 중의 제일은 사랑이라(고전 13:11~13).

15 │ 언제나 성취를 향해

아모스 패리쉬라는 사람은 미국 백화점 산업계에 있어서 세일즈 아이디어 전문가로서 잘 알려져 있는 사람이다. 그는 그의 전 생애 동안 말을 더듬었지만 백화점 관계 간부들은 매년 아모스 패리쉬의 강연을 듣기 위해 뉴욕시 호텔 그랜드볼룸에 모여들었다.

다른 사람이 볼 때 아모스 패리쉬는 크게 성공한 사람이었다. 그러나 그 자신은 한 번도 자기가 성공했다고 생각해 본 적이 없었다. 그는 나이가 들어감에 따라 정신이 점점 기민해졌고, 끊임없이 새로운 아이디어를 창출해 냈다.

그를 칭찬하는 사람이 있을 때 그는 그것을 대수롭게 생각지 않았다.

"이 아이디어를 들어보세요. 나는 지금 이러한 구상을 하고 있습니다. 이것은 훌륭한 생각입니다." 하며 더듬거리며 말하곤 했다.

94세의 나이로 세상을 떠나려 할 때 그의 가까운 친구가 그를 찾아갔더니, "여보게 여기 새로운 아이디어가 있어 이것은 정말 기발한 거야"라고 말했다. 그는 계속 그의 새롭고 놀라운 목표를 말했다. 아모스 패리쉬는 매우 성공적인 사업가였다. 그러나 그가 절대로 다 이루었다고 자부한 사람은 아니었다. 그는 언제나 성취를 향해 나아갔으며 목표를 이루는 과정을 누렸다.

 예화와 관련된 말씀

푯대를 향하여 그리스도 예수 안에서 하나님이 위에서 부르신 부름의 상을 위하여 달려가노라(빌 3:14).

그의 주인이 여호와께서 그와 함께 하심을 보며 또 여호와께서 그의 범사에 형통하게 하심을 보았더라(창 39:3).

16 | 하나님께 드린 기업

미국 오하이오주 나이마에 사는 스텐리 팜(Stanley Pam)이라는 사업가가 있었다. 그는 젊은 나이에 사업을 시작하면서 하나님께 이런 기도를 드렸다.

"하나님, 이제 제가 사업을 시작합니다. 그런데 이 일이 주님을 위한 사업이 되기를 원합니다. 하나님, 이 사업을 통해 최상의 것을 주께 드리며 영광 돌리기 원합니다. 그렇게 할 수 있는 경영 방법을 가르쳐 주십시오."

그는 기도하던 중에 하나님의 음성을 들었다.

"나를 위해 사업을 하고 나에게 영광 돌리기를 원한다면, 너는 단순히 종업원이 되어라. 끝까지 종업원으로 일하여라."

하나님의 음성에 따라 스텐리는 회사 설립 신고를 할 때, 회사의 주인을 '하나님'이라고 써넣었다. 그리고 주님의 말씀에 생애를 걸고 도전해 보기로 결심했다.

그가 사업을 하는 동안 다른 기업처럼 여러 번의 어려움을 겪게 되었다.

그러나 그의 사업은 놀랍게 발전했으며 그는 은퇴할 때까지 하나님의 음성대로 월급을 받는 종업원으로 일했다. 그리고 그의 기도대로 하나님의 영광을 위해 자신의 모든 것을 드렸다.

예화와 관련된 말씀

그런즉 너희가 먹든지 마시든지 무엇을 하든지 다 하나님의 영광을 위하여 하라(고전 10:31).

너희 몸은 너희가 하나님께로부터 받은 바 너희 가운데 계신 성령의 전인 줄을 알지 못하느냐 너희는 너희 자신의 것이 아니라 값으로 산 것이 되었으니 그런즉 너희 몸으로 하나님께 영광을 돌리라(고전 6:19,20).

17 | 일곱 가지 인생의 법칙

설계도나 계획서를 만들 때는 어떤 기준이 되는 법칙이 필요하다. 성공적인 인생을 살기 위해서도 법칙이 필요하다. 여기에 일곱 가지 인생의 법칙을 제시한다.

1. 너 자신을 알라. 현명한 사람은 자기 자신을 아는 사람이고, 미련한 사람은 자기 자신을 모르는 사람이다. 자기를 안다는 것은, 자신의 장점, 단점, 위치, 역할을 안다는 뜻이다.
2. 심은 대로 거둔다. 이것은 사람과 자연에 모두 적용되는 법칙이다. 선을 심으면 선을 거두고, 악을 심으면 악을 거둔다. 젊어서 심으면 늙어서 거두고 조상이 심으면 후손이 거둔다.
3. 인생은 짧다. 짧기 때문에 한 시간, 1분, 1초가 더욱 귀중하게 느껴지는 것이다. 그러므로 꽉 찬 인생으로 살아야 한다.
4. 의지는 환경보다 중요하다. 미국의 유명한 정신 의학자 칼 메닝거가 말한 유명한 구절이다. 환경과 조건보

다는 인간의 의지가 더욱 중요하다.
5. 강한 것보다 부드러운 것이 낫다. 극단에 치우치지 말고 유연성과 융통성을 지니는 것이 현명하다.
6. 바른 생각과 행동이 최선의 정책이다. 불성실한 것은 나중에 반드시 들통이 난다. 정직은 신뢰를 낳고 신뢰는 무한한 자본을 만든다.
7. 끝이 좋아야 한다. 경주에서는 출발도 중요하지만 골인은 더 중요하다. 나이가 들수록 더 원숙한 사람이 되어 후회 없이 인생을 마쳐야 한다.

 예화와 관련된 말씀

그런즉 너희는 이 언약의 말씀을 지켜 행하라 그리하면 너희가 하는 모든 일이 형통하리라(신 29:9).

18 | 지난 1천년 인류 역사 결산

워싱턴 포스트지는 최근 서기 1000년에서 2000년까지의 인류사를 결산하는 특집기사 『1천년 각 분야 최고와 최악』에서 칭기스칸을 "태평양과 동유럽을 연결하는 대제국건설로 동서문화를 촉진했으며 인터넷보다 7백년 앞서 국제통신망을 건설했다"며 1천년 최고의 인물로 뽑았다. 최악의 인물로는 아돌프 히틀러를 선정했다.

△ **가장 위대한 시간과 장소**=화가 터치아노가 활약했던 15세기의 베네치아. 안정된 정치와 현란한 문화의 중심도시로 코스모폴리터니즘을 발흥시키면서 거의 완벽한 표현의 자유를 구가했던 시대.

△ **가장 뛰어난 책**=18세기 중반에 나온 새뮤얼 존슨의 영어사전. 존슨 혼자 9년간 4만개의 단어를 모으고 단어마다 예문을 제시, 인간의 의지와 학문적 업적에서 기념비적인 책으로 인정받음.

△ **가장 큰 실수**: 러시아침공. 나폴레옹과 히틀러 등 러시아를 침공한 정복자들은 결국 광대한 땅과 혹한 때문에 침공에 실패해 자멸의 길을 걸었다.

△ 가장 위대한 발명=인쇄술. 총포와 화약 등 원거리 실상 무기가 후보로 올랐으나 인류를 문명세계로 이끈 인쇄술의 공로를 따르지 못했다.

△ 가장 위대한 그림=바티칸의 시스티나성당 천장에 그려진 미켈란젤로의 그림.

△ 가장 위대한 배우=여배우는 그레타 가르보, 남배우는 말론 브랜도, 로렌스 올리비에 등을 제치고 만화영화의 주인공 토끼 벅스바니가 뽑혔다.

△ 가장 위대한 과학자=알베르트 아인슈타인. 1세기 이상 시대를 앞서 우주를 바라보고 이론을 만들었다는 평. 차점자는 코페르니쿠스.

△ 가장 위대한 작곡=모차르트의 「피가로의 결혼」. 전체 4막 속에 인간으로서의 본질이 거의 망라돼 있는 유일한 음악.

△ 가장 위대한 가수=엔리코 카루소.

예화와 관련된 말씀

여호와께서 사람의 걸음을 정하시고 그의 길을 기뻐하시나니 (시 37:23).

19 | 송어 낚시

한 노인이 송어 낚시를 하느라고 분주하게 손을 놀리고 있었다.

지나가던 청년이 이 노인을 유심히 지켜보았다. 다른 사람들은 송어를 잘 낚지 못하는데 유독 이 노인만은 쉽게, 또 많이 낚는 것이었다. 신기하게 여긴 청년이 한참을 지켜보다가 노인에게 물었다.

"노인장께서는 낚시질을 참 잘하십니다. 어떻게 이처럼 잘하실 수 있습니까?"

노인은 기분 좋게 청년에게 말했다.

"송어 낚시를 하는 데는 네 가지 비결이 있다네."

"그 비결이 무엇입니까?"

청년이 다시 물었다.

"첫째, 한 눈을 팔지 말 것. 둘째, 미끼를 잘 사용할 것. 셋째, 인내를 가지고 기다릴 것. 넷째, 적당한 기회가 왔을 때는 절대로 놓치지 말 것 일세."

그런데 여기에 한 가지 더 추가할 것이 있다. 그대로 실천하라는 것이다.

누구나 다 알면서 실천하지 않는 사항들이다. 이는 모든 사업의 성공비결이 되기도 하지만 특별히 선교의 성공 비결이 되기도 한다.

 예화와 관련된 말씀

자유롭게 하는 온전한 율법을 들여다보고 있는 자는 듣고 잊어버리는 자가 아니요 실천하는 자니 이 사람은 그 행하는 일에 복을 받으리라(약 1:25).

오직 주께서 각 사람에게 나눠 주신 대로 하나님이 각 사람을 부르신 그대로 행하라 내가 모든 교회에서 이와 같이 명하노라(고전 1:17).

20 조지 워싱턴 카버 박사

목화농사를 지으면 땅에 질소성분이 없어져 땅이 황폐해진다고 한다. 특별히 미국의 남부에서는 목화농사를 많이 지어서 땅이 황폐해졌다.

그렇다면 이 땅에 어떻게 질소성분을 회복시켜 다시 비옥하게 만들 수 있을까?

많은 고민과 연구끝에 그 땅에 땅콩을 심으면 비옥하게 만들 수 있다는 것을 조지 워싱턴 카버(George Washington Carver) 박사가 알아냈다.

그래서 목화농사를 지은 땅에 땅콩을 심었더니 그 땅이 비옥해졌다.

그런데 문제는 수확한 땅콩의 양이 너무나 많아 그 많은 땅콩을 어떻게 처리할 수 있는 방법이 없었다.

카버 박사는 두문불출하고 산 속에 들어가 하나님께 그 방법을 물어보았다.

결국 땅콩 한 알에서 300가지의 성분을 발견하게 되었고, 땅콩으로 만든 기름, 치즈, 쨈, 구두약, 화장품, 물감을 만들어 냈다.

땅콩박사라고 불리는 그는 "나는 오직 하나님의 선한 일을 위하여 하나님의 영광만 나타내고자 했을 뿐인데 하나님께서 나에게 이런 지혜를 주셨다."고 고백했다.

 예화와 관련된 말씀

너는 우리를 해하지 말라 이는 우리가 너를 범하지 아니하고 선한 일만 네게 행하여 네가 평안히 가게 하였음이니라 이제 너는 여호와께 복을 받은 자니라(창 26:29).

이는 하나님이 우리를 위하여 더 좋은 것을 예비하셨은즉 우리가 아니면 그들로 온전함을 이루지 못하게 하려 하심이라(히 11:40).

21 | 사람의 나이와 노쇠

미국의 레오나드 헤어플릭 박사는 동물실험을 통해 피부의 세포 분열 주기와 동물의 수명이 밀접한 관계가 있다는 이론을 주장했으며 이를 통하여 동물의 과학적인 수명을 측정하고 있다. 그에 의하면 고양이의 세포 분열 횟수는 8회, 말은 20회, 인간은 60회이므로, 고양이의 수명은 16년이고 말의 수명은 40년, 사람의 수명은 120년이라고 주장한다.

인간의 탈모 치료를 연구하면서 사람의 머리카락은 그 수명이 약 5년이며, 인간의 한평생에는 머리카락이 25번까지 나오도록 유전자에 프로그램밍 되어 있다는 것을 발견한 학자가 있다. 따라서 인간에게 주어진 수명은 120세라고 했다. 성경의 창세기에도 '그들의 날은 120년이 되리라'고 했고, 구약 시대의 많은 사람들이 120세 전후까지 살았다.

사람의 나이와 노쇠 현상을 연구하는 학문으로 연령학이라고 하는 분야가 있다. 스틸 박사는 인간의 능력이 그 절정에 이르는 연령을 제시하고 있다.

기억력은 10~23세에 절정을 이르고, 상상력은 20~30세에, 창조력은 30~55세에, 종합력은 45~60세에, 판단력은

50~70세에 절정에 이른다. 또 육체적인 능력의 절정기를 연구한 결과는 다음과 같다. 신속함은 18~28세에 절정에 이르고, 스태미너는 25~35세, 기량은 33~43세, 인내력은 38~48세, 불굴의 힘은 40~70세에 절정에 이른다.

정신적인 종합력이나 판단력, 그리고 육체적인 인내력이나 불굴의 힘과 같이 가장 가치있고 고귀한 능력은 50대 이후 70세까지 나타남을 알 수 있다.

따라서 인간이 어려운 과업을 추진할 수 있는 나이는 60세 이후가 된다. 나이가 들었다고, 또 나이가 60이나 70이 되었다고 실망해서는 안 된다. 이때야말로 가장 가치가 있고 고귀한 능력이 발휘될 때가 된 것이다.

 예화와 관련된 말씀

> 우리의 연수가 칠십이요 강건하면 팔십이라도 그 연수의 자랑은 수고와 슬픔뿐이요 신속히 가니 우리가 날아가나이다(시 90:10).

22 | 사람을 외모로 취하지 말라

미국의 남북 전쟁이 일어나기 바로 전 어느 봄날이었다. 한 소년이 일터를 구하다가 오하이오주에 있는 어느 농장을 찾아가게 되었다. 농장 주인은 튼튼하게 생긴 소년의 모습에 만족하여 아무것도 묻지 않고 그 소년을 채용했다. 단지 그 이름이 짐이라는 것밖에는 몰랐다.

짐은 난로에 땔 나무를 장만하고 젖소를 돌보고 이것저것 허드렛일을 하면서 밥은 부엌에서 먹고 잠은 건초 창고에서 잤다.

그 여름이 지나기 전에 짐과 주인의 딸은 사랑하는 사이가 되었다. 그러나 돈도 없고 장래도 없다는 이유로 주인에게 거칠게 거절당하자 짐은 조용히 종적을 감추어버렸다.

35년이 지난 후 어느 날이었다. 농장 주인은 창고를 새로 지으려고 헌 건초 창고를 헐다가 그 옛날 자기 집의 하인이었던 짐이 주머니칼로 서까래에 새겨놓은 이름을 발견하고는 깜짝 놀라고 말았다.

*James A. Garfield*라는 이름 밑에 날짜와 함께 그의 예명 짐이 새겨져 있었던 것이다.

이때에 그는 제 20대 미국 대통령이 되어 있었던 것이다.

대통령의 장인이 될 수 있었던 기회를 놓친 목장 주인의 이야기는 한낱 웃음거리로 지나쳐버리기에는 너무 교훈적이다. 사람을 외모로 평가할 수는 없으며 사람을 지금의 모습만으로는 평가할 수 없음을 우리에게 다시 한 번 일깨워준다.

 예화와 관련된 말씀

그들이 물어 이르되 선생님이여 우리가 아노니 당신은 바로 말씀하시고 가르치시며 사람을 외모로 취하지 아니하시고 오직 진리로써 하나님의 도를 가르치시나이다(눅 20:21).

여호와께서 사무엘에게 이르시되 그의 용모와 키를 보지 말라 내가 이미 그를 버렸노라 내가 보는 것은 사람과 같지 아니하니 사람은 외모를 보거니와 나 여호와는 중심을 보느니라 하시더라(삼상 16:7).

23 | 두 배우의 인생

어떤 두 여인이 같은 시기에 할리우드의 배우가 되었는데, 한 사람은 콜린 타운센드였고, 또 한 사람은 마릴린 먼로였다.

이 두 여인은 은막에 데뷔한 뒤 화려하게 활동하다가 각기 다른 인생을 살았다.

타운센드는 그리스도를 영접한 후 목사님과 결혼을 해서 선교지로 떠났다.

그리고 먼로는 육체파 배우로 세속적인 생활을 계속했다. 오랜 세월이 지난 후, 먼로는 타운센드를 만나 이렇게 고백했다.

"우리가 같이 영화배우가 되기로 했을 때, 나는 스타가 되겠다고 결심을 했고 지금에 와서 그 꿈을 이루었지만 내게 있어서 진정한 행복은 없어. 나는 세상에서 가장 비참하고 불행한 사람이야."

진정한 행복은 하나님과의 관계가 올바로 되어 있을 때 이루어질 수 있다.

주님과의 진정한 만남이 있다면 참으로 가치 있는 인생이 될 수 있다. 인생의 성공은 참된 평안을 주지 못한다. 진로를 선택할 때는 하나님의 편에서 선택해야 한다.

예화와 관련된 말씀

평안을 너희에게 끼치노니 곧 나의 평안을 너희에게 주노라 내가 너희에게 주는 것은 세상이 주는 것과 같지 아니하니라 너희는 마음에 근심하지도 말고 두려워하지도 말라(요 14:27).

예수께서 이르시되 내가 곧 길이요 진리요 생명이니 나로 말미암지 않고는 아버지께로 올 자가 없느니라(요 16:4).

24 | 가치 있는 이야기

  어떤 배가 항해를 계속하고 있었는데 갑자기 높은 파도가 일고 심한 폭풍우가 몰아쳐 뱃길을 잃고 말았다. 아침이 되자 바다는 고요해졌고, 배는 아름다운 항구가 있는 섬에 닿아 있었다. 배는 항구에 닻을 내리고 잠시 쉬어 가기로 했다. 그 섬에는 가지각색의 아름다운 꽃들이 만발해 있었고, 맛있는 과일들이 주렁주렁 달린 나무들이 신선한 녹음을 드리우고 있었다. 또한 온갖 새들은 즐겁게 지저귀고 있었다.

  배를 탄 사람들은 다섯 그룹으로 나뉘었다.

  첫째 그룹은, 자기들이 섬에 상륙해 있는 동안에 순풍이 불어와 배가 떠나 버릴지도 모른다고 생각했기 때문에, 아무리 섬이 아름다워도 빨리 자기들의 목적지로 갈 생각으로 아예 상륙조차 하지 않고 배에 남아 있었다.

  둘째 그룹은, 서둘러 섬에 올라가 향기로운 꽃향기를 맡고 나무그늘 아래에서 맛있는 과일을 따 먹고는 기운을 되찾아 곧 배로 돌아왔다.

  셋째 그룹은 섬에 올라가 너무 오래 있다가 순풍이 불어오자 배가 떠나는 줄 알고 당황하여 돌아왔기 때문에, 소지품을 잃어버렸고 자기들이 앉아 있던 배 안의 좋은 자리마저 빼앗겼다.

넷째 그룹은, 순풍이 불어 선원들이 닻을 올리는 것을 보았지만, 돛을 달려면 아직 시간이 있으며 선장이 자기들을 남겨 두고는 떠나지 않으리라는 등의 생각으로 그대로 남아 있었다. 그러다가 정말로 배가 항구를 떠나가자 허겁지겁 헤엄을 쳐서 배에 올라 갈 수 있었다. 그래서 바위나 뱃전에 부딪쳐 입은 상처는 항해가 끝날 때까지도 아물지 않았다.

다섯째 그룹은, 너무 많이 먹고 아름다운 경치에 도취되어, 배의 출항을 알리는 소리조차 알아듣지 못했다. 그래서 숲 속의 맹수들의 밥이 되거나 독이 있는 열매를 먹고 병이 들어 마침내 모두 죽고 말았다.

여러분이라면 이 다섯 그룹 중 어디에 있는가? 이 이야기에 나오는 배는 인생에 있어서의 '선행'을, 그리고 섬은 '쾌락'을 상징하고 있다.

 예화와 관련된 말씀

> 배신하며 조급하며 자만하며 쾌락을 사랑하기를 하나님 사랑하는 것보다 더하며(딤후 3:4).

25 눈물의 경주

1998년 11월 2일, 3만 2천 명이 출전한 가운데 시작된 제29회 뉴욕 마라톤은 '위대한 꼴찌'를 탄생시키며 그 다음날이 되어서야 겨우 끝이 났다.

그 이유는 바로 '조 코플로비츠'(당시 50세)라는 여주인공 때문이었다.

이 여인은 1973년부터 중추신경계 질환인 '다발성 경화증'에 시달리면서 팔, 다리를 자유롭게 움직이기가 어려웠다. 그럼에도 불구하고 그녀는 다른 출전자들보다 5시간 먼저 출발해서 밤을 꼬박 새우며 달렸고, 마침내 결승점에 다다른 것이다.

10여 년 동안 뉴욕 마라톤 열한 번 연속 완주의 기록을 세운 그녀가 맨 처음 마라톤에 도전한 것은 1988년이었다. 주위 사람들에게 자신이 '살아 있음'을 알리는 것은 물론 스스로에게도 '살아 있음'을 확인시키기 위해서 그녀는 눈물의 경주를 시작했다.

당시 24시간 만에 결승 지점으로 들어온 이야기가 기사화되었고, 이를 계기로 그녀는 '다발성 경화증 환자 모임'의

회원이 되었다.

그 후 그녀는 1996년부터 이 모임의 기금을 위해 레이스를 펼치고 있다.

지팡이 2개에 몸을 의지한 채 절뚝절뚝 뉴욕의 어둠을 헤쳐 간 눈물의 경주는 '자기 존재를 확인하는 달리기' 인 동시에 동료 환자를 위한 '사랑의 달리기' 였던 것이다.

예화와 관련된 말씀

눈물을 흘리며 씨를 뿌리는 자는 기쁨으로 단을 거두리로다. 울며 씨를 뿌리러 나가는 자는 정녕 기쁨으로 그 단을 가지고 돌아오리라(시 126:5,6).

두려워 하지 말라 내가 너와 함께 함이라 놀라지 말라 나는 네 하나님이 됨이라 내가 너를 굳세게 하리라 참으로 너를 도와 주리라 참으로 나의 의로운 오른손으로 너를 붙들리라(사 41:10).

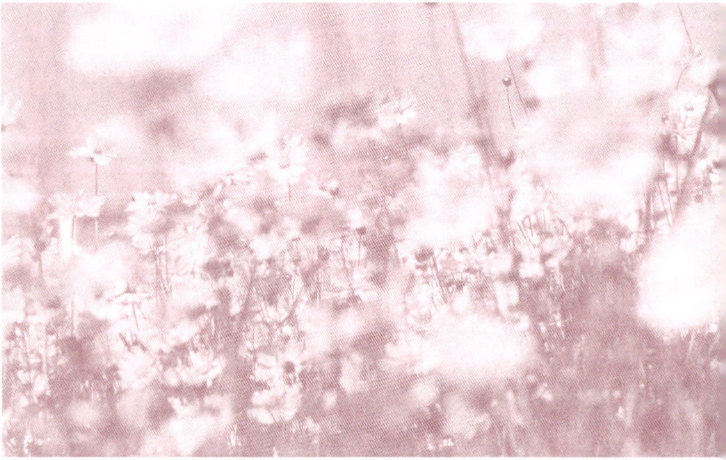

03
푯대를 향하여

푯대를 향하여 그리스도 예수 안에서 하나님이 위에서 부르신 부름의 상을 위하여 달려가노라(빌 3:14).

01 | 내 인생의 목록

유명한 여행가이자 탐험가인 존 고다드는 60세가 훨씬 넘은 나이에도 불구하고 아직까지 사냥 여행을 떠날 정도로 건강한 사람이다. 카약 하나로 나일 강을 완주하기도 하고 킬리만자로 봉우리에 우뚝 서는 등 인간 한계의 극복을 여실히 보여 준 그의 수많은 탐험 기록은 많은 젊은이들에게 적극적인 사고방식을 불어넣어 왔다. 또한 고다드는 여행가로서 뿐만 아니라 인류학자로, 영화 제작자로 명성을 쌓아 왔다.

그의 이러한 숨 가쁜 탐험과 갖가지 경험들은 그가 이미 열다섯의 나이에 목표로 세워 놓은 것이었다.

고다드는 수첩 하나를 소중히 간직하고 있는데 겉에는 [내 인생의 목록]이란 글자가 또렷이 박혀 있다.

수첩 안에는 1. 나일 강, 아마존 강 탐험하기 2. 에베레스트 산에 오르기 3. 타잔 영화에 출연하기 4. 셰익스피어의 저작을 읽기 5. 결혼해서 자식을 갖기 등 숫자를 매긴 목표들이 137개나 적혀 있다.

그리고 그는 열여섯 살에 아버지와 함께 조지아 주 오커퍼

스키소 택지를 탐험하는 것으로 첫 번째 목표를 달성한 이후 지금까지 모두 106개의 목표들을 하나씩 천천히 이루어 왔다

"이러한 경험들을 통해 나는 행동하는 인간의 보람과 삶의 가치를 느낍니다. 사람들은 위대한 용기와 힘과 인내를 발휘한다는 것이 무엇인지 모른 채 생을 마감하기도 한다. 그러나 죽음이라는 극한 상황에서는 자신의 내부에 감춰진 엄청난 힘을 알게 됩니다."

"지금까지 살아온 당신의 인생을 돌아보십시오. 그리고 '만일 내가 1년을 더 산다면 무엇을 할 것인가'에 대해 생각해 보십시오. 미루지 말고 즉각 해 보십시오."

고다드는 아직 달성해야 할 목표들이 많다고 생각하며 그의 125번째 목표인 '달나라 여행'까지도 이룰 수 있다고 굳게 믿고 있다.

 예화와 관련된 말씀

> 그 후에 내가 내 신을 만민에게 부어 주리니 너희 자녀들이 장래 일을 말할 것이며 너희 늙은이는 꿈을 꾸며 너희 젊은이는 이상을 볼 것이며(욜 2:28).

02 | 문둥병자 스탠리 스타인의 극복

유명한 작가 '스탠리 스타인'은 불행하게도 문둥병자였다. 거기다가 눈까지 완전히 멀었습니다. 그는 누구보다도 불행한 사람이었지만 적극적 사고를 할 수 있는 정신을 갖고 있었다.

'내게 남은 것을 가지고 무엇을 할 수 있을까' 하고 생각하다가 그는 정신만은 멀쩡하기에 책을 쓰기로 결심했다. 도서관에서 작가가 되는 법에 관한 책을 빌려왔더니, 담당의사가 그 책은 눈먼 사람에게 좀 이상한 책이 아니냐고 물었다. 나병환자 수용소에서 그곳도 맹인까지 되어 무엇을 할 수 있겠느냐는 빈정댐의 말로 들을 수도 있는 문제였다.

그는 자기 병을 소재로 하여 다른 사람들로 하여금 자기 책을 쓰게 할 작정이었다. 자기 생각을 녹음기에 녹음해서 누군가에게 써 달라고 하면 된다고 생각했던 것이다. 주위에 있는 모든 사람들이 희망을 잃고 죽어가고 있을 때 그는 삶에다 운명을 걸고 인생을 다시 사는 운동을 전개하기로 결심한 것이다.

잠시 침묵을 지키고 있던 의사에게 "선생님, 저는 아직도 정신은 멀쩡합니다. 그 정신을 이용할 작정입니다."라고 대답했다.

그는 열심히 노력하여 「이제는 외롭지 않다」라는 책을 출간하여 그의 이야기를 발표했다.

그는 항상 소형 라디오, 소형 녹음기를 가지고 다니면서 다른 사람과 이야기를 나누고 책을 쓰고 음악을 듣고 생명 넘치는 열정적인 삶을 살았다. 그는 잃어버린 것을 슬퍼하는 대신 아직도 남아 있는 것을 최대한 이용한 덕분에 인생의 성공자로 많은 사람의 기억 속에 남아 있다.

 예화와 관련된 말씀

무릇 시온에서 슬퍼하는 자에게 화관을 주어 그 재를 대신하며 기쁨의 기름으로 그 슬픔을 대신하며 찬송의 옷으로 그 근심을 대신하시고 그들이 의의 나무 곧 여호와께서 심으신 그 영광을 나타낼 자라 일컬음을 받게 하려 하심이라(사 61:3).

03 세상에서 가장 아름다운 그림

어느 나라에 최고의 화가로 칭송 받는 두 명의 화가가 있었다. 그러나 하늘 아래 두 개의 태양은 없는 법. 두 화가는 서로 만나 누구의 실력이 더 뛰어난지 겨루기로 했다. 그들은 1년 뒤 이 세상에서 가장 아름다운 장면을 그림으로 그려 다시 만날 것을 약속하고 헤어졌다.

시간이 흘러 꼭 1년이 지났을 때, 두 사람은 약속한 장소에서 다시 만났다. 서로 1년 간 심혈을 기울여 세상에서 가장 아름다운 장면을 화폭에 담아온 두 사람은 각자의 그림을 보고 깜짝 놀랐다. 두 사람의 그림이 너무나 달랐던 것이다. 한 화가가 먼저 말을 건넸다.

"나는 평화로운 시골마을을 배경으로 아름다운 저녁놀이 지는 장면을 그렸네. 마을에는 아이들이 정겹게 뛰놀고, 농부들이 추수하는 즐거움을 그림으로 담았지. 하지만 자네의 그림은 전혀 뜻밖이네. 이게 어떻게 아름다운 그림이라고 생각했는가?"

이 질문에 다른 화가는 빙그레 웃으며 대답했다.

"나도 처음에는 자네처럼 그림을 그리기 시작했다네. 하지만 비바람과 폭풍우가 몰아치던 캄캄한 어느 밤에 파도에 휩쓸릴 것 같은 바위 위에 굳건하게 서 있는 갈매기의 모습을 보고 이전의 그림을 찢어버리고 말았지. 자네가 그린 아름다움은 비바람이 불면 무너질 아름다움이지만 가장 힘든 순간에도 평화를 찾은 그 갈매기의 모습은 너무나 아름다웠다네."

 예화와 관련된 말씀

> 비가 내리고 창수가 나고 바람이 불어 그 집에 부딪치되 무너지지 아니하나니 이는 주추를 반석 위에 놓은 까닭이요(마 7:25).

04 | 어디를 두드려야 할 지 알아낸 값

 자동차 왕 헨리 포드의 디트로이트 공장을 움직이는 발전기가 고장 났다. 모든 공정이 올 스톱이 되었다. 차 생산에 막대한 지장을 초래하였고, 일은 안 해도 수천 명의 근로자 임금은 꼬박 꼬박 주어야 하는 판이니 헨리 포드는 발을 동동 굴렀다.

 전기 기술자, 전기 회사 직원들이 총 출동하여 고장 난 발전기를 고쳐 보았으나 원인을 알 수 없었다. 삼일이 지났지만 발전기는 고철 덩어리에 불과 하였다. 포드는 이 분야에 최고 권위자가 누구인가 수소문한 끝에 촬리 스타인메츠를 찾아서 불러왔다. 그는 거대한 발전기를 이리 저리 살펴보기도 하고, 자신이 준비해온 망치로 이곳저곳을 몇 군데 두드리기도 하였다. 그런 후 그가 전원을 넣으니 으-왕-하며 그 거대한 발전기가 돌아가기 시작하였다. 며칠 후 헨리 포드는 촬리로부터 발전기 수리비 청구서를 받았는데 청구비가 무려 10,000 달러였다.

 오늘날의 가치로 환산하면 우리 돈으로 한 3,000만 원 쯤 되는 금액이다. 포드는 깜짝 놀랐다. 포드는 "촬리 스타인메츠 씨, 이 청구액은 당신이 발전기 수리를 위하여 한 두 시간 이곳저곳 두드린 노동 시간에 비하여 터무니없는 금액임으로 나는 지불을 거부 합니다."라고 통보하였다.

며칠 후 찰리 스타인메츠로부터 답신이 왔는데 청구 금액 내용이었다.

· 발전기 모터를 두드리며 일한 공임 : 10 달러.
· 어디를 두드려야 할지를 알아낸 기술 값 : 9,990 달러.
  합계 : 10,000 달러

포드는 두 말 없이 10,000 달러를 지불하였다.

인생 문제는 발전기보다 훨씬 더 복잡하다. 도대체 어디를 두드려야 인생의 복잡한 문제가 풀려가기 시작할 것인가? 돈인가? 예술인가? 학문인가? 출세인가? 어디를 두드려야 하는가? 이것이 문제이다.

 예화와 관련된 말씀

> 그대는 하나님께서 하신 일을 기억하고 높이라 잊지 말지니라 인생이 그의 일을 찬송하였느니라(욥 36:24).

05 | 인생의 양지와 음지 앞에서

미국의 한 청년이 늘 감사하면서 살아갔다. 대개의 청년들은 꿈도 크고 야망도 크기 때문에 매일의 삶이 미흡하다고 느끼기 마련이다. 그래서 항상 감사하며 살기가 쉽지 않은 일인데, 이 청년은 늘 감사하며 살았다. 그러던 어느 날, 이 청년이 교통사고를 당해 다리 하나를 절단해야 했다. 이 엄청난 시련 앞에서는 그도 어쩔 수가 없었다. 한동안 절망의 삶을 살았다. '할 일도 많고 결혼도 해야 할 나이인데 내게 왜 이런 아픔이 있어야 하는가?' 하며 자신의 처지를 한탄했다. 남아있는 또 다른 다리는 보지 못하고 날마다 없어진 다리만을 생각하며 우울하게 살았다.

그런데 어느 날부터인가 눈이 뜨이면서 이 청년은 남은 다리가 있다는 것을 깨닫게 되었다. 다리 하나는 없어졌지만 아직도 다리 하나가 남아있다는 것을 발견하고 하나님께 감사하기 시작했다. 그는 즉각 없어진 다리에다 고무다리를 만들어 끼우고, 남은 다리를 가지고 무엇을 할 것인가를 생각했다. 그 후 그는 선교사가 되기로 작정했다. 선교사 훈련을 무사히 마쳤다. 그리고 그 불편한 다리를 가지고 아프리카로 뛰어들었다. 그런데 도착하자마자 식인종들이 덤벼들었다. 이때 그는 지혜를 발동시켜 얼른 고무다리를 빼서 던져 주었다. 식인종들이 달려들어 그 다리를 씹어보았다. 피한 방울 나오지 않는 데다 씹히지도 않자 식인종들이 그 선교사 앞에 엎드렸다. 그를 신으로 생각한 것이다. 그러니 얼마나 전도가 잘 되었겠는가? 그때서야 그는 비로소 하나님이 자신의 다리를 절단하게 하신 이유를 깨달았고, 다시 한 번 하나님께 감사를 드렸다고 한다.

하나님을 의지하고 늘 감사하는 자에게는 슬픔이 변하여 춤이 되게 하신다.

 예화와 관련된 말씀

주께서 나의 슬픔을 변하여 춤이 되게 하시며 나의 베옷을 벗기고 기쁨으로 띠 띠우셨나이다 이는 잠잠치 아니하고 내 영광으로 주를 찬송케 하심이니 여호와 나의 하나님이여 내가 주께 영영히 감사하리이다(시30:11,12).

06 | 예수님짜리 인생

명강사로 소문난 사람이 있었다. 수많은 사람이 모인 세미나에서 이 강사는 갑자기 호주머니에서 100 달러짜리 수표 한 장을 높이 쳐들고 말했다.

"여러분 이 돈을 갖고 싶지요? 어디 이 돈을 갖고 싶은 사람 손 한 번 들어 보십시오."

그러자 세미나에 참석한 사람들 대부분이 손을 들었다. 강사는 계속해서 말을 이어 갔다.

"저는 여러분 중의 한 사람에게 이 돈을 드리겠습니다. 하지만 먼저 나의 손을 주목해 주시기 바랍니다."

그러더니 갑자기 쳐들었던 100 달러짜리 수표를 손으로 마구 구겼다.

"여러분, 아직도 이 수표를 가지기를 원하십니까?"

사람들은 갑작스러운 강사의 그 행동에 놀라면서도 거의 모든 사람이 손을 들었다. 그러자 이번에는 그 100달러짜리 수표를 땅바닥에 던지더니 구두발로 짓밟으며 시커멓게 더럽혔다. 그러고는 땅바닥에 떨어진 그 더러운 100 달러짜리 수표를 집어 들고 물었다.

"여러분, 아직도 이 수표를 갖고 싶습니까?"

그래도 대부분의 사람들이 다 손을 들었다.

이때 강사는 힘찬 어조로 다음과 같이 말했다.

"제가 아무리 100 달러짜리 수표를 마구 구기고, 발로 짓밟고, 더럽혔을지라도 그 가치는 전혀 줄어들지 않습니다. 100 달러짜리 수표는 항상 100 달러짜리 수표의 가치가 있는 것입니다. 여러분도 인생이라는 무대에서는 여러 번 바닥에 떨어지고, 밟히며, 더러워지는 일이 있습니다. 실패라는 이름으로, 또는 패배라는 이름으로 겪게 되는 그 아픔들, 그런 아픔을 겪게 되면 사람들은 대부분 자신이 쓸모없는 사람이라고 평가절하 합니다. 그러나 놀라운 사실은 당신이 실패를 하는 한이 있더라도 당신의 가치는 여전하다는 것입니다. 마치 구겨지고 짓밟혀도 여전히 자신의 가치를 가지고 있는 이 수표처럼 말입니다."

 예화와 관련된 말씀

나는 포도나무요 너희는 가지라 그가 내 안에, 내가 그 안에 거하면 사람이 열매를 많이 맺나니 나를 떠나서는 너희가 아무 것도 할 수 없음이라(요 15:5).

07 이것이 인생이다

러시아가 낳은 세계적인 문호 톨스토이의 우화에 이런 것이 있다. 어떤 사람이 들에 나갔다가 사자에게 쫓겨서 도망치게 된다. 도망치다가 실족해서 낭떠러지로 떨어졌는데, 그 순간 정신을 차리고 절벽에 널려 있는 덩굴을 붙잡았다. 그래서 구사일생으로 추락사는 면했지만, 위에는 사자가 지금도 으르렁대고 있다. 내려다보니 밑에는 무서운 뱀들이 우글거리고 있다. 그리고 덩굴을 잡은 손에서는 점점 더 힘이 빠져나가고 있다.

그런데 바로 그 순간, 달콤한 냄새가 나기에 보았더니 마침 절벽에 꿀벌이 집을 지어놓아 꿀이 졸졸 떨어지고 있었다. 그 꿀을 한 손으로 찍어서 입에다 대보니 꿀맛이 괜찮았다.

또 이상하게 바스락거리는 소리가 나서 쳐다보았더니 덩굴 위에서 검은 쥐와 흰 쥐가 돌아가며 덩굴을 갉아먹고 있었다. 톨스토이는 이 이야기를 해놓고 "이것이 인생이다"라고 말했다.

우리 인생이 어떻게 흘러갈지 아는 이는 아무도 없다. 다만 우리는 살면서 우리를 보호하시고 지켜주시는 하나님의 손길을 의지할 뿐이다. 그분께 인생을 맡길 수 있는 믿음을 달라고 간구하길 바란다.

 예화와 관련된 말씀

내일 일을 너희가 알지 못하는도다 너희 생명이 무엇이뇨 너희는 잠깐 보이다가 없어지는 안개니라(약 4:14).

네 길을 여호와께 맡기라 그를 의지하면 그가 이루시고 네 의를 빛 같이 나타내시며 네 공의를 정오의 빛 같이 하시리로다 (시 37:5,6).

08 | 창조적인 삶을 살아가자

 주인이 명령하면 무슨 일이나 열심히 일하는 노예가 있었다. 이 사람은 주인이 하루 일과로 정해준 일과에 따라 밭에서 감자를 캐고 있었다. 저녁때가 되어 밭 가운데는 감자가 산같이 쌓이게 되었다.

 주인은 노예에게 커다란 구덩이 두 곳을 파고 감자를 저장하는데 한 구덩이에는 큰 감자를 넣고 또 다른 구덩이에는 작은 감자를 넣으라고 일러주었다.

 쉽게 일을 마쳤을 것으로 생각한 주인은 밭에 나가보았다. 그 노예는 감자 두 개를 양손에 들고 머리만 갸우뚱거리고 있는 것이었다. 너무나 쉬운 일을 시켰는데도 아직 시작도 아니 한 노예에게 버럭 화를 내었는데 노예가 하는 말이 재미있다.

 "주인님, 어떤 일이라도 시키시면 다 하겠습니다. 그러나 제발 큰 감자와 작은 감자를 고르는 일만은 시키지 말아주십시오.

 감자를 손에 들 때마다 이것을 왼쪽 구덩이에 던져야 할지, 오른쪽 구덩이에 던져야 할지 결정지어야 하는 괴로움이 너무 커서 차라리 죽는 편이 낫겠습니다."라고 하는 것이었다.

   노예에게 있어서 가장 힘든 일은 땀 흘려 흙구덩이를 파는 일이 아니라 무엇을 스스로 결정하고 선택하는 일이었던 것이다. 노예는 주인이 시키는 일만 하면 되었지, 자기 스스로 선택하고 결정하는 힘이 없었던 것이다.

 예화와 관련된 말씀

> 너희는 다시 무서워하는 종의 영을 받지 아니하였고 양자의 영을 받았으므로 아바 아버지라 부르짖느니라(롬 8:15).

09 | 폴란드의 자랑이 되어다오

폴란드의 유명한 천재 음악가 쇼팽은 피아노 연주를 비롯하여 작곡에도 탁월한 재능을 가진 사람이다.

그가 20세에 예술의 나라 불란서로 유학을 떠날 때 그의 아버지는 당부했다.

"폴란드의 자랑이 되어 다오."

아버지는 아들의 마음속에 국가를 심어 준 격이다.

또한 쇼팽의 선생님 역시 떠나는 그에게 조그마한 컵에다 폴란드의 흙을 넣어 정성스럽게 싸서 "어디를 가든지 조국을 잊지 말게, 이 한줌의 흙을 따뜻한 마음으로 사랑해 주기 바라네"하며 선물로 주었다고 한다.

그는 공부하는 동안 힘들 때마다 "나는 폴란드 사람이다. 조국의 이름을 더럽히지 말아야지."하며 노력을 했다.

안타깝게도 그는 38세의 젊은 나이에 세상을 떠났지만 누구보다 폴란드의 이름을 높이며 살았다.

"폴란드 흙이 담긴 이 컵을 나와 함께 무덤 속에 넣어 주십시오."

그의 유언처럼 그는 죽을 때까지 조국을 사랑하고 그리워

하는 마음을 간직했다.

우리는 어떻게 살고 어떻게 죽어야 할까?

그리스도의 이름을 높이고 하나님의 이름을 항상 기억하며 살아야 한다. 그리고 그 이름에 나의 마지막 생명을 부탁해야 한다.

 예화와 관련된 말씀

내가 나의 영을 주의 손에 부탁하나이다 진리의 하나님 여호와여 나를 속량하셨나이다(시 31:5).

우리 안에 거하시는 성령으로 말미암아 네게 부탁한 아름다운 것을 지키라(딤후 1:14).

10 | 때에 따라 변하는 인생

H장로가 병으로 입원하고 있는 병실에 목사님이 심방을 왔다. 목사님은 장로님을 위로하며 말을 걸었다.

"병세가 어떻습니까?"

"아직 모르겠습니다. 원장님이 오시면 알 수 있을 것입니다."

그때 병원 원장이 간호사를 데리고 들어왔다. 원장은 H장로의 눈꺼풀을 뒤집어 보고 배를 눌러보고 하다가 간호사에게 소리쳤다.

"빨리 장의사를 데리고 와!"

간호사가 급히 나갔다. H장로의 얼굴이 탱자 빛으로 노랗게 변색이 되었다. H장로는 목사님을 찾았다.

목사님이 가까이 다가섰다.

"목사님, 우리 교회당 건축을 위해 헌금을 작정하겠으니 연필과 종이를 주세요."

목사님은 급히 종이와 볼펜을 내밀었다. H장로는 종이 위해 '200,000,000원'을 기록하였다.

"장로님, 감사합니다."

그때 간호사가 젊은 의사를 앞세워 들어왔다. 병원장이 젊은 의사에게 말했다.

"장의사, 어제 차트에 왜 기록을 하지 않았나?"

젊은 의사의 성이 장씨였던 것이다.

"오늘쯤 퇴원해도 될 것 같아서 그만…."

"그래도 끝까지 기록은 해야지."

H장로는 벌떡 일어나 목사님께 말을 던졌다.

"목사님, 아까 써드린 숫자에 0을 두 개만 지우세요."

"그럼 2억이 2백만 원이 되는데…"

"교인들이 헌금할 기회를 드리기 위해 내가 양보를 해야 하겠습니다.'

"예?"

 예화와 관련된 말씀

나와 내 백성이 무엇이기에 이처럼 즐거운 마음으로 드릴 힘이 있었나이까 모든 것이 주께로 말미암았사오니 우리가 주의 손에서 받은 것으로 주께 드렸을 뿐이니이다(대상 29:14).

11 | 나무들의 꿈

    요단의 계곡에 세 그루의 나무가 있었다. 나무들은 저마다 원대한 꿈이 있었다.

    첫 번째 나무는 대성전의 강대상이 되어 많은 사람들에게 경건을 전하고 싶었다.

    두 번째 나무는 웅장한 배가 되어 검푸른 지중해를 항해하는 꿈이 있었다.

    세 번째 나무는 그 자리에 남아서 길손들에게 시원한 그늘을 선물하고 싶었다.

    어느 날 세 나무의 꿈은 산산조각이 나고 말았습니다. 한 농부가 도끼로 나무를 잘라냈다.

    첫 번째 나무는 마구간의 밥통, 두 번째 나무는 작은 고깃배, 세 번째 나무는 십자가로 변했다. 나무들은 심한 수치심에 몸을 떨었다.

    그런데 어느 날 밤, 그 말구유에서 아기 예수가 탄생했다. 갈릴리 고깃배는 사도 베드로를 주인으로 맞았다. 작은 십자가는 인간을 죄악에서 구원하는 상징으로 오늘날까지 이어져오고 있다.

인생은 짧다. 인생의 성공과 실패를 성급하게 판단할 수는 없다. 우리의 작은 실패 속에 사실은 큰 영광이 깃들어 있다.

 예화와 관련된 말씀

그들의 넘어짐이 세상의 풍성함이 되며 그들의 실패가 이방인의 풍성함이 되거든 하물며 그들의 충만함이리요(롬 11:12).

내가 내 자의로 이것을 행하면 상을 얻으려니와 내가 자의로 아니한다 할지라도 나는 사명을 받았노라(고전 9:17).

그러나 여호와여, 이제 주는 우리 아버지시니이다 우리는 진흙이요 주는 토기장이시니 우리는 다 주의 손으로 지으신 것이니이다(사 64:8).

12 | 스프링벅의 무한질주 인생

아프리카의 칼라하리 사막에는 스프링벅이라는 사슴이 서식하고 있다.

스프링벅이라는 이 동물들은 푸른 초원에서 한가롭게 풀을 뜯다가 선두의 사슴 한 마리가 달리기 시작하면 모두 초원을 질주한다.

뒤에서 뛰는 사슴들은 왜 뛰는지도 모른 채 맹목적으로 속도를 낸다. 그러다가 갑자기 눈 앞에 절벽이 나타나면 앞에서 달리는 스프링벅은 속도를 줄이지 못한다.

따라서 뒤에서 질주하는 동물들에 밀려 계속 앞으로 달릴 수밖에 없는 것이다. 결국 스프링벅은 모두 절벽에서 떨어져 죽는다.

인생도 이와 마찬가지이다.

이웃이 집을 사니 나도 집을 사고 이웃이 자동차를 사니 나도 자동차를 산다. 자신이 어디서 와서 무엇 때문에 살며 어디로 가는지도 모른 채 '무한질주 인생'을 즐긴다.

그리고 여지없이 절벽으로 추락하는 비극을 맞는다. 가끔 주위의 경치를 즐기는 여유도 필요하다. 과속인생은 그만큼

사고의 위험도 높다. 스프링벅처럼 무작정 아무런 이유도 목적도 없는 인생을 살고 있지는 않는지 한 번 되돌아 보자.

 예화와 관련된 말씀

그들이 하늘로 솟구쳤다가 깊은 곳으로 내려가나니 그 위험 때문에 그들의 영혼이 녹는도다(시 107:26).

내가 궁핍하므로 말하는 것이 아니니라 어떠한 형편에든지 나는 자족하기를 배웠노니(빌 4:11).

그러나 자족하는 마음이 있으면 경건은 큰 이익이 되느니라(딤전 6:6).

13 | 인생의 참된 성공

미국의 부흥사 토리 존슨 박사가 시카고에서 오클라호마의 털사로 가는 비행기에서 한 스튜어디스와 이야기를 하게 되었다.

그녀는 기독교인이 아니라고 밝혔고 존슨 박사는 성경을 읽어주면서 그리스도를 영접하라고 권면했다. 이야기를 잘 들은 스튜어디스는 주님을 믿기로 결심하고 영접하였다.

털사에 도착해 비행기에서 내리는 존슨 박사에게 스튜어디스는 "이 비행기에서 다시 못 뵈면 저 위에서 다시 뵙겠습니다."라고 인사했다.

그런데 이튿날 아침 존슨 박사는 신문을 펼치고는 깜짝 놀랐다. 털사에서 출발한 비행기가 추락해 승객과 승무원 전원이 사망했다는 사고 소식이었다. 급히 사망자 명단을 살펴보니 그 스튜어디스의 이름이 있었다.

사고로 세상을 떠난 것은 안타까운 일이지만 다행히 그 스튜어디스는 비행기 안에서 잠깐의 대화를 통해 예수님을 영접했고, 결국 성공한 삶을 살았던 것이다.

온 천하를 다 얻는다 할지라도 영생을 얻지 못한다면 그 인생은 성공한 인생이 아니다. 성공한 인생이 되려면 영생을 주시는 그리스도를 영접해야 한다. 그러므로 그리스도인들은 어떤 인생을 살고 있든 성공한 인생들이다.

 예화와 관련된 말씀

사람이 만일 온 천하를 얻고도 제 목숨을 잃으면 무엇이 유익하리요 사람이 무엇을 주고 제 목숨과 바꾸겠느냐(마 16:26).

내가 진실로 진실로 너희에게 이르노니 내가 보낸 자를 영접하는 자는 나를 영접하는 것이요 나를 영접하는 자는 나를 보내신 이를 영접하는 것이니라(요 13:20).

14 | 인생의 주관자

아버지가 초등학교에 막 들어간 아이에게 어려운 문제를 냈다.

"찢어진 세계지도를 10분 안에 다 맞춰 놓으면, 아빠가 맛있는 과자를 사줄게."

아버지는 갈기갈기 찢어진 지도라서 한 시간을 줘도 맞추기 힘들 것이라 생각했다. 더구나 아이는 아직 세계지도를 다 외우지 못하니 어쩌면 불가능한 일인지도 모른다.

그런데 5분도 안 돼 아이는 씩씩한 얼굴로 다 맞춘 지도를 갖고 왔다.

아버지가 그 비결을 묻자, 아이는 이렇게 대답했다.

"아빠, 지도 뒷면에 누군지 몰라도 사람의 얼굴을 크게 그려 놓았어요. 그걸 보고 쉽게 맞췄어요. 이제 과자를 사 주세요!"

우리는 세계지도처럼 복잡하게 얽히고설킨 인생살이에서 종종 좌절을 경험하기도 한다. 가망이 없을 것 같은 절망감에 넋을 잃기도 한다.

그러나 우리는 삶의 문제 이면에서 인생의 생사화복을 주관하시는 하나님을 바라볼 때 승리할 수 있다. 좌절과 절망감 속에서 모든 것을 포기한 채 인생을 살아간다면, 하나님께서 준비하신 승리의 기쁨을 맛볼 수 없을 것이다.

 예화와 관련된 말씀

나의 발걸음을 주의 말씀에 굳게 세우시고 어떤 죄악도 나를 주관하지 못하게 하소서(시 119:133).

여호와는 나의 목자시니 내게 부족함이 없으리로다(시 23:1).

믿음의 주요 또 온전하게 하시는 이인 예수를 바라보자 그는 그 앞에 있는 기쁨을 위하여 십자가를 참으사 부끄러움을 개의치 아니하시더니 하나님 보좌 우편에 앉으셨느니라(히 12:2).

15 | 성공을 위한 13가지 노력

벤자민 프랭클린은 한 문제만을 가지고 한 달 동안 지켜나가는 훈련을 했다. 이것이 자신이 소개한 성공의 공식이다.

1. 절제 : 몸이 나른해 질 때까지 먹지 말 것.
2. 침묵 : 필요 없는 대화는 피할 것.
3. 질서 : 물건은 놓아두어야 할 곳에 놓아두고, 해야 할 일은 해야 될 때 할 것.
4. 결의 : 결심한 것은 틀림없이 할 것.
5. 검소 : 남이나 자신에 대해서 좋은 일을 하는 경우 이외에는 비용을 들이지 말 것.
6. 근면 : 시간을 헛되이 버리지 말 것.
7. 성실 : 올바르고 때 묻지 않은 생각을 가질 것.
8. 정의 : 도리에 어긋난 행위를 하거나 의무를 게을리 함으로 남을 해치는 일을 하지 말 것.
9. 온건 : 극단을 피할 것.
10. 청결 : 몸, 옷, 집의 불결을 용서하지 말 것.
11. 평온 : 사소한 일이나 우연한 일로 마음의 평정을 흐트

러지게 하지 말 것.
12. 순결 : 정욕에 빠지지 말 것.
13. 겸손 : 그리스도와 소크라테스를 닮을 것.

 예화와 관련된 말씀

철 연장이 무디어졌는데도 날을 갈지 아니하면 힘이 더 드느니라 오직 지혜는 성공하기에 유익하니라(전 10:10).

오직 성령의 열매는 사랑과 희락과 화평과 오래 참음과 자비와 양선과 충성과 온유와 절제니 이 같은 것을 금지할 법이 없느니라(갈 5:22,23).

16 | 토머슨의 성공

 미국 미시간 주의 성요셉 고아원에 문제소년 한 명이 들어왔다. 소년은 원생들과 싸움을 일삼았다. 베라다 선생은 인내심을 갖고 끊임없이 소년을 격려했다.

 "하나님은 너를 매우 사랑하신다. 큰 꿈을 가져라."

 그러나 소년의 행동에는 변화가 없었다. 결국 그 문제 소년은 퇴학을 당하고 말았다. 소년은 퇴학당한 후에 비로소 베라다 선생의 소중한 가르침을 깨달았다.

 그리고 피자 가게에 취직해 열심히 일했다. 소년에겐 피자 한 개를 11초에 반죽하는 탁월한 솜씨가 있었다. 그의 머리 속은 베라다 선생이 심어준 큰 꿈으로 가득 찼다. 소년은 자신의 꿈을 실현시키기 위해 피자 회사를 설립했다.

 이 회사가 바로 미국에서 두 번째로 큰 '도미노피자' 다. 이 고아 소년의 이름은 토머슨 모나한, 현재 토머슨은 피자 사업을 통해 벌어들인 돈으로 미국 프로야구 명문구단인 디트로이트를 운영하고 있다.

 그리고 수많은 청소년들에게 장학금을 지급하고 있다. 그는 자신이 사업에 성공할 수 있었던 것은 베라다 선생의 가르침 때문이라고 말한다. 토머슨은 방황하는 청소년들에게 이렇게 외치고 있다.

"하나님이 여러분과 함께 하신다. 꿈을 크게 가져라"

고아원에서 싸움을 일삼던 문제 소년이 세계적인 사업가로 변모한 것은 베라다의 격려 때문이었다. 칭찬과 격려는 황무지인생을 옥토인생으로 바꾸어 놓는다.

 예화와 관련된 말씀

> 두려워하지 말라 내가 너와 함께 함이라 놀라지 말라 나는 네 하나님이 됨이라 내가 너를 굳세게 하리라 참으로 너를 도와 주리라 참으로 나의 의로운 오른손으로 너를 붙들리라(사 41:10).

17 | 라면을 처음 개발한 안도 사장

'인스턴트라면'을 처음으로 만든 사람은 일본사람 안도 모모후쿠(安藤百福)(96세:1910- 2007)이다. 그는 1910년 대만에서 태어났지만 1933년 일본으로 건너왔다. 2차 대전 종전 후 일본사람들은 극심한 식량난에 시달리는 것을 보고 "추운 밤 포장마차 라면을 먹기 위해 사람들이 길게 줄을 늘어선 것을 보고 간편하게 끓여 먹을 수 있는 인스턴트 라면을 개발하기로 마음먹었다."고 그는 자서전에 술회했다.

라면의 개발과정에서 가장 큰 문제는 젖은 면을 어떻게 말려야 유통과정에서 부패하지 않고, 끓였을 때 원래의 부드러운 상태로 복원되느냐 하는 것이었다. 그는 여러 번의 시행착오 끝에 그의 부인이 튀김을 만드는 것을 보고 면을 기름에 튀겨 건조하는 '순간 유열건조법'을 고안하여 1958년 세계 최초의 인스턴트 라면인 '치킨 라면'이 나왔다.

그는 1971년에는 뜨거운 물만 부으면 되는 '컵라면'을 개발하여 식품업계에 돌풍을 일으켰고, 2005년 7월에는 미 우주왕복선 디스커버리호의 일본인 우주비행사 노구치 소이치를 위해 '스페이스라면'을 내놓아 화제가 되기도 했다. 안도 회장이 세운 닛신 식품은 연매출 2조 5000억 원의 일본 1위 라면회사로 성장했다.

그는 줄곧 "먹거리가 풍부해야 세계 평화가 온다."며 "라면은 편리하고, 안전하며, 값이 싸기 때문에 세계 평화에도 기여하는 음식"이라는 라면 예찬론을 펼쳐 왔다.

그의 신념은 "먹 거리가 풍부해야 인류에 평화가 온다"는 것이었고, 이를 위해 그는 평생을 라면 개발에 바쳤다. 오늘날 닛신 식품은 매출 27억 달러의 큰 회사로 성장했고, 2005년 그는 경영일선에서 물러나 2007년 1월 심장마비로 세상을 떠났다. 라면은 현재 전 세계에서 연간 850억 개가 팔리고 있다고 한다.

 예화와 관련된 말씀

궁핍한 자가 항상 잊어버림을 당하지 아니함이여 가난한 자들이 영원히 실망하지 아니하리로다(시 9:18).

18 | 베이비루스의 삼진

1330개의 삼진. 미국의 야구 역사상 가장 유명한 선수는 베이브루스 일 것이다.

그는 714개의 홈런을 쳐서, 1976년까지 세계의 최고 기록을 유지했다.

공을 치기 전에 홈런을 칠 방향으로 방망이를 향했던 그의 예고 홈런은 지금까지도 영화나 이야기의 단골손님이 되고 있다.

그러나 베이브루스가 홈런왕이라는 것을 아는 사람은 많아도, 그가 스트라이크 아웃의 신기록 보유자임을 아는 사람은 그리 많지 않다.

그는 자그마치 1330번이나 스트라이크 아웃을 당했으며, 많은 야구 전문가들이 이 기록을 깨기란 그가 홈런을 친 것만큼 어렵다고 입을 모으고 있다.

그는 714개의 홈런을 치기 위해 1330개의 삼진이 필요했다. 그의 1330개의 실수는 그를 미국 역사상 가장 위대한 야구선수로 만들었다.

실수를 두려워하는 사람은 자신의 장점을 극대화시킬 수

없는 것이다. 실수를 딛고 일어서야만 빛나는 승리의 결과를 얻을 수 있는 것이다.

 예화와 관련된 말씀

게으른 자는 마음으로 원하여도 얻지 못하나 부지런한 자의 마음은 풍족함을 얻느니라(잠 13:4).

우리가 다 실수가 많으니 만일 말에 실수가 없는 자라면 곧 온전한 사람이라 능히 온 몸도 굴레 씌우리라(약 3:2).

좋은 일에 대하여 열심으로 사모함을 받음은 내가 너희를 대하였을 때뿐 아니라 언제든지 좋으니라(갈 4:18).

19 사우스웨스트 에어라인

1967년 후발업체로 항공 사업에 뛰어든 사우스웨스트 에어라인은 기존의 항공사와는 전혀 다른 노선을 걷기로 결심한다. 바로 '낮은 가격에 낮은 서비스'이다. 샌프란시스코에서 LA까지 자동차나 열차로는 6시간 정도 걸리지만 비행기로는 1시간 30분 정도면 충분하다.

그렇지만 비행기 요금은 너무 비싸다. 그래서 많은 사람들이 탑승을 포기한다.

사우스웨스트는 이 수요가 분명히 있다고 판단하고, 이들에게 승부를 건 것이다. 그래서 전체 운항노선의 80% 이상을 750마일 이하의 거리만을 비행하기로 하고, 고속버스와 철도를 경쟁상대로 삼았다.

이 비행기에는 퍼스트 클래스나 비즈니스 클래스는 당연히 없다. 티케팅을 할 때 자리 배정도 없다. 먼저 오는 사람 순서대로 앉는 것이다.

식사 서비스는 당연히 제공하지 않으며 그만큼의 비용절감이 있기에 낮은 가격에 항공권을 판매해도 높은 이익을 얻을 수 있다.

그렇지만 정시 도착률은 미국 항공사 중 최고이다. 정시 도착률을 높이기 위해서는 비행 정비시간을 단축시켜야 한다. 이를 위해 사우스웨스트는 비행기 기종을 한 가지로 통일하였다. 자사 소속의 정비사라면 누구나 정비할 수 있도록 하기 위해서이다.

 예화와 관련된 말씀

내가 네 말대로 하여 네게 지혜롭고 총명한 마음을 주노니 네 앞에도 너와 같은 자가 없었거니와 네 뒤에도 너와 같은 자가 일어남이 없으리라(왕상 3:12).

20 | 차별화 할 수 없으면 포기해라

 어떻게 하는 것이 차별화하는 것인가? 새로운 개념을 부여하면 된다.

 게토레이의 예를 보자. 게토레이는 포카리스웨트보다 약간 늦게 출시되었다. '제일 먼저'의 타이밍을 놓친 것이다. 수십 억 원의 광고비를 쏟아 부었지만 매출은 늘지 않았다. 아니 매출은 고사하고 93:7이라는 치욕적인 시장점유율 구성비는 전혀 변동이 없었다.

 당시 관계자는 고민 끝에 새로운 개념을 찾아냈다. 바로 스포츠 드링크의 개념이었다.

 부랴부랴 광고 회의가 열렸고 '달지 않아야 한다.', '물보다 흡수가 빨라야 한다.' 등의 광고 카피가 선정되었다.

 새로운 개념으로 광고를 포장한 뒤의 결과는 어떠 했을까? 물론 대성공이었다.

 최초가 아니지만 최초로 대접받을 수 있는 기술, 이것은 창조성의 영역이다. 컴퓨터가 아무리 발달하여도 이 분야만큼은 인간이 해야 할 일이다.

 이때 가장 중요한 것은 '발상의 전환'이다. 얼음이 녹으면 무엇이 되겠는가? 이 질문에 대해 '물'이라는 평범한 대답보다는 '봄'이라고 하는 발상이 필요한 것이다.

 예화와 관련된 말씀

푯대를 향하여 그리스도 예수 안에서 하나님이 위에서 부르신 부름의 상을 위하여 달려가노라(빌 3:14).

무슨 일을 하든지 마음을 다하여 주께 하듯 하고 사람에게 하듯 하지 말라(골 3:23).

21 | 한 번 연주를 1500회 연주

스위스 피아노의 대가 지그문트 탈베르크(*Siegmund Talberg*)는 세계적인 명성을 얻고도 이어지는 연습을 결코 게을리 하지 않았다. 어느 날 대음악회가 개최되는데, 그에게도 출연해 달라는 요청이 들어왔다.

"그 음악회는 언제 개최합니까?"

"다음달 1일입니다"

"그렇다면 저는 거절하겠습니다. 아무래도 그때까지는 연습을 할 수 없습니다."

"연습이요? 선생님께서도 연습을 하십니까?"

"이번에도 신곡을 연주하려고 생각하기 때문이지요."

"그대도 3일 정도면 연습을 할 수 있지 않겠어요? 많은 음악가들을 알고 있지만 한 번 하는 연주에 4일 이상 연습하는 사람은 없는 것 같은데 하물며 선생님 같은 대가는 연습이 필요 없지 않겠어요?"

그러자 그는 정색을 하며 말했다.

"저는 신작발표회를 가지려면 적어도 1,500회의 연습을 하지 않으면 출연하지 않는 것을 원칙으로 합니다. 하루에

50회씩 연습하면 1개월은 걸리겠지요. 그때까지 기다려 주신다면 출연하겠습니다. 연습할 시간이 없으면 절대 출연할 수 없습니다."

 예화와 관련된 말씀

게으르지 아니하고 믿음과 오래 참음으로 말미암아 약속들을 기업으로 받는 자들을 본받는 자 되게 하려는 것이니라(히 6:12).

부지런한 자의 손은 사람을 다스리게 되어도 게으른 자는 부림을 받느니라(잠 12:24).

22 | 세계를 바꾼 생각

존슨 앤 존슨사의 직원이었던 얼 딕슨은 매사에 덜렁대는 부인과 결혼했다. 그녀는 툭하면 부엌에서 칼에 상처를 입히거나 불에 데기 일쑤였다.

당시 존슨사에서는 외과용 거즈를 생산해서 팔고 있었지만, 그것은 너무 대용량이라서 작게 베거나 데인 부위에는 사용하기가 곤란했다. 딕슨은 소독 솜과 작게 자른 거즈를 반창고 중간에 붙여서 부인의 상처에 붙여 주곤 했다.

필요할 때마다 매번 그렇게 만들던 딕슨은 그 일이 귀찮아졌다. 더 편리한 방법을 찾던 그는 반창고에 딱딱한 크리놀린 천을 붙여 두었다가 필요할 때면 떼어 내어 부인의 환부에 붙일 수 있게 했다.

존슨사의 회장 제임스 존슨이 어느 날 우연히 딕슨이 만든 반창고를 붙이고 있는 것을 보게 되었다. 반창고의 편리함에 관심이 크게 쏠린 그는 딕슨의 아이디어를 제품에 활용할 생각을 하게 되었고, 결국에는 밴드 에이즈라는 이름으로 대량생산을 하게 되었다.

'더 편리한 반창고가 없을까?' 하고 궁리하던 얼 딕슨이 일회용 밴드를 생각해 낸 것처럼 많은 질문들이 처음에는 터무니없어 보이기도 했다. 스탠포드 대학교의 경영대학원 교수로 있는 존 콜린스는 전혀 터무니없는 것처럼 보였지만 그 때문에 세계를 변화시킨 질문들을 이렇게 소개한다.

▷ 빛의 파동은 그 속도와 같은 사물에는 어떻게 보일까?
  ⇒ 알버트 아인슈타인
▷ 어째서 믿을 만한 24시간 우편배달 서비스가 없는 것일까?
  ⇒ 연방 특급 우편 창설자
▷ 인체의 내부를 3차원으로 볼 수는 없을까?
  ⇒ 갓프리 하운스필드, CAT 스캐너 발명자
▷ 녹음기에서 녹음기능과 스피커를 없애고 헤드폰을 달게 되면 어떨까?
  ⇒ 마사루 이브카, 소니사 명예회장

 예화와 관련된 말씀

내가 너희로 노력하지 아니한 것을 거두러 보내었노니 다른 사람들은 노력하였고 너희는 그들이 노력한 것에 참여하였느니라(요 4:38).

23 | 곰바우에게 설득당한 목사님

어느 보험 회사의 중역들은 가장 유능한 직원 곰바우를 중역으로 승진시킬 것을 결정했다. 그러나 문제가 하나 있었다. 이 회사 중역들은 모두 기독교 신자인데 곰바우만은 타종교 신자였던 것이다. 사장이 괴롭다는 듯 말했다.

"여러분, 곰바우는 확실히 우리 회사의 중역이 될 자격이 충분합니다. 그러나 그는 크리스천이 아니어서 개종하지 않고 중역으로 승진되는 것은 우리 회사의 전통에 어긋납니다."

크리스천 기업인 이 회사의 사장은 난색을 표명했다. 이때 전무가 한 가지 제의를 했다.

"내가 세상에서 가장 설득력 있는 목사님을 알고 있습니다. 그 분의 설교를 단 한 시간만 들으면 곰바우도 분명히 예수님을 믿게 될 것입니다."

사장을 비롯한 모든 중역들은 고개를 끄덕였다.

이윽고 부탁을 받은 목사님이 준비된 자리에서 그 곰바우라는 사람을 만났다. 한 시간, 두 시간, 세 시간… 장장 5시간이 지나자 땀을 뻘뻘 흘리면서 그 목사님이 나왔다. 중역들은 예상보다 시간이 많이 걸렸다고 생각하며 목사님에게 물었다.

"물론 성공하셨겠죠. 목사님?"

그러나 목사님은 중역들을 둘러보며 몹시 짜증 섞인 목소리로 말했다.

"구제불능이더군, 게다가 난 그 친구에게 설교하다가 오히려 설득을 당해 1억짜리 생명보험까지 들었거든."

 예화와 관련된 말씀

> 그러므로 나는 사람이 자기 일에 즐거워하는 것보다 더 나은 것이 없음을 보았나니 이는 그것이 그의 몫이기 때문이라 아, 그의 뒤에 일어날 일이 무엇인지를 보게 하려고 그를 도로 데리고 올 자가 누구이랴(전 3:22).

24 | 테너 루치아노 파바로티

 파바로티를 성악의 길로 이끈 인도자는 아버지 페르난도 파바로티였다. 제빵 기술자인 페르난도는 노래를 무척 좋아했다. 가난해서 정식 음악교육은 받지 못했지만 타고난 테너 목청으로 오페라 곡을 충분히 소화할 수 있었다. 따라서 루치아노는 어릴 때부터 아버지의 노래 속에 온통 파묻혀 지낼 수밖에 없었다. 여섯 살쯤 됐을 때 부엌 식탁에 기어 올라가서 노래를 부르고선 출사표를 던져 식구들을 놀라게 했다.

 "난 자라서 테너가 될테야."

 하지만 빵 이외에는 모든 게 부족한 집안 형편 때문에 성악가로부터 레슨을 받을 엄두도 못 냈다. 꿈 많은 10대 시절. 자신의 장래를 놓고 생각이 왔다 갔다 하던 루치아노는 열아홉 살이 되자 비로소 오페라 가수가 되기로 결심한다. 아버지께 계획을 털어놓았더니 독학으로 깨친 오페라 창법에 대한 풍부한 지식을 바탕으로 충고했다.

 "성악가의 길로 들어서기로 일단 결심했으면 길을 제대로 잡아야 한다."

아버지는 아들의 결심이 굳은 것을 확인하고선 모데나에서 가장 잘 가르친다고 소문난 아리고 폴라 선생에게 데리고 갔다. 부자의 눈동자와 입에서 뿜어 나오는 성악에 대한 강렬한 의지에 감동한 폴라 선생은 레슨비도 받지 않고 루치아노를 제자로 받아 주었다.

폴라 선생의 교수법은 특이했다. 제자의 뛰어난 목소리는 고려치 않고 처음 6개월 동안 악보 읽기와 발성만 연습시켰다. 지겹고 힘든 과정이었지만 그냥 성악가가 아닌 오페라 가수가 되고 말리라는 목표만 붙잡고 견뎌 냈다. 루치아노는 1961년 콩쿠르에서 처음 우승하고 오페라 무대에서 홀로 서기를 시작했다.

세월이 흐를수록 스승의 가르침이 옳았음을 실감하지 않을 수 없었다. 오페라 가수로 대성하려면 목소리 관리도 중요하지만 단어 하나하나를 정확하게 발음해야 하기 때문이었다.

 예화와 관련된 말씀

또 너희에게 명한 것 같이 조용히 자기 일을 하고 너희 손으로 일하기를 힘쓰라(살전 4:11).

25 | 프로가 되는 길

 삼미 부회장으로 있던 시절, 어느 날인가 집에서 좀 쉬느라 파출부 아주머니가 일하는 걸 지켜보게 되었다. 그런데 눈에 보이는 곳만 슬쩍슬쩍 닦는 아주머니의 얼굴엔 귀찮은 기색이 역력했다. 일을 어느 정도 끝냈을 때 나는 차를 두 잔 끓여 아주머니와 마주앉은 뒤 이런 이야기를 들려주었다.

 "아주머니는 밖에서 일하고 돌아온 가족들이 기분 좋게 쉴 수 있도록 집안을 깨끗하게 청소하는 일을 대수롭지 않게 생각하시는 것 같네요. 이제부터는 일 하러 가실 때 장미꽃 한 송이를 준비해 보세요. 즐거운 표정으로 성실하게 일하고 게다가 그 집 가족을 위해 장미꽃 한 송이를 꽂아두는 파출부 아주머니는 단연 돋보이게 될 겁니다. 그러다 보면 고정 고객이 생길 것이고, 나중엔 용역회사를 통하지 않고 직접 연락을 받게 되어 아주머니가 사업을 할 수도 있을 겁니다. 이쯤 되면 인테리어 공부도 좀 해서 가구 위치나 커튼 색깔도 골라 주면서 고객 관리를 하면 더 좋겠지요. 그게 바로 프로입니다. 어떻습니까. 앞으로 프로 파출부 해 보실 생각은 없으십니까?"

그 뒤 일 년쯤 지난 어느 날 우리 집에 느닷없이 커다란 초콜릿 상자가 배달되었는데 그 속에는 편지가 한 장 들어 있었다.

"저는 1년 전에 부회장님 댁에 파출부로 일하러 다녔던 사람입니다. 그 날 저는 그 말씀을 듣고 부끄럽기도 했지만 많은 것을 깨달았습니다. 그래서 그 다음날부터 프로 정신을 가지고 일하려고 노력했고, 1년이 지난 지금은 파출부 아주머니 열두 사람을 직원으로 데리고 다니는 사장이 되었습니다. 인사를 드려야 할 것 같아 조그만 선물을 보냅니다."

나는 흐뭇한 마음으로 그 초콜릿을 먹었다. 아주머니를 생각하니 그 맛이 한결 더 달콤하게 느껴졌다.

「내 인생 내가 살지」, 서상록

 예화와 관련된 말씀

또 무엇을 하든지 말에나 일에나 다 주 예수의 이름으로 하고 그를 힘입어 하나님 아버지께 감사하라(골 3:17).

04
인생을 의지하지 말라

너희는 인생을 의지하지 말라 그의 호흡은 코에 있나니 셈할 가치가 어디 있느냐(사 2:22).

01 | 실패는 성공의 교육비

IBM의 설립자인 톰 왓슨(*Tom Watson*)의 성공비결 중 하나는 사람을 가장 소중한 자산으로 여긴다는 것이다.

한 번은 젊은 부사장이 매우 모험적인 신제품 개발계획을 보고 했다. 톰 왓슨은 과연 이 사업이 성공할 수 있는지를 물었다.

그때 부사장은 위험부담이 큰 사업일수록 큰 수익을 올릴 가능성이 높다고 주장했다.

그러나 신제품 개발 사업은 회사에 1000만 달러 이상의 손해를 입히고 말았다. 톰 왓슨이 부사장을 불렀을 때 그는 사표를 제출하며 말했다.

"회사에 막대한 손해를 끼친 책임을 느껴 사직서를 제출합니다."

그러자 톰 왓슨이 정색을 하며 말했다.

"무슨 소린가. 나는 자네를 교육하는데 무려 1000만 달러를 들였는데…. 다시 시작하게."

사장의 격려에 고무된 부사장은 다시 한 번 도전해 신제품 개발에 성공했다.

실수했을 때의 한 마디 격려는 성공했을 때의 열 마디 칭찬보다 큰 힘을 발휘한다. 실패는 성공의 교육비이다.

 예화와 관련된 말씀

나는 모든 사람이 나와 같기를 원하노라 그러나 각각 하나님께 받은 자기의 은사가 있으니 이 사람은 이러하고 저 사람은 저러하니라(고전 7:7).

도가니로 은을, 풀무로 금을, 칭찬으로 사람을 단련하느니라 (잠 27:21).

02 | 성공 방정식

알베르트 아인슈타인에게 제자들이 물었다.

"선생님께서는 그동안 수많은 이론들을 정착시키셨는데, 우리에게 필요한 인생 성공을 위한 공식은 없나요?"

아인슈타인이 밝게 웃으며 말했다.

"물론 있다네." 그는 종이 위에 이렇게 적었다.

'Success=x+y+z'

아인슈타인이 제시한 성공방정식은 아주 간단했다.

x는 '열심히 노력하는 것',

y는 '함께 삶의 재미를 찾는 지혜',

z는 '침묵하는 여유' 였다.

성공은 열정과 기쁨, 묵묵한 정진의 결과물이다. 성공한 사람은 자기보다 나은 사람을 만나면 그를 배우려고 하지만 실패한 사람은 자기보다 나은 사람을 만나면 그를 끌어내리려고 한다.

성공한 사람들은 이웃들과의 관계성 속에서도 행복을 느낀다. 독불장군은 성공도 행복도 없다.

성공한 사람들의 단어는 '용기, 인내, 책임, 침착' 이다. 그러나 실패한 사람들의 단어는 '핑계, 방관, 분노, 성급함' 등이다.

 예화와 관련된 말씀

무딘 철 연장 날을 갈지 아니하면 힘이 더 드느니라 오직 지혜는 성공하기에 유익하니라(전 10:10).

부지런하여 게으르지 말고 열심을 품고 주를 섬기라(롬 12:11).

이 사람 여로보암은 큰 용사라 솔로몬이 이 청년의 부지럼함을 보고 세워 요셉 족속의 일을 감독하게 하였더니(왕상 11:28).

03 | 신앙과 인생의 성공비결

미국의 기독실업인으로 국민들의 존경을 받는 아더 미다스 장로가 있다.

그는 한때 미국의 10대 재벌 중 한 사람이었다. 미다스 장로는 한국의 대학생 선교단체에 50만 달러를 기증했다.

또 7억 달러를 쾌척해 선교재단을 설립하는 등 남을 돕는 일에 많은 물질을 사용했다. 어느 날, 그는 한 기자로부터 신앙과 인생의 성공비결에 대한 질문을 받고 다음과 같이 대답했다.

"내게는 아주 간단한 다섯 가지의 인생철학이 있습니다. 첫째는 주일성수, 둘째는 온전한 십일조입니다.

셋째는 하루의 첫 시간을 기도로 시작하는 것입니다.

넷째는 내 가정의 주인을 예수님으로 모셔 들이는 것입니다. 다섯째는 시간과 돈을 선한 사업에 사용하려고 노력했습니다. 하나님은 우리 모두가 성공적인 인생을 살기 원하십니다. 다만 우리가 그 뜻에 순종하지 않기 때문에 풍요로운 삶을 누리지 못합니다."

선행은 행복한 삶의 열쇠이다. 이기적인 부자에게 '풍요'

는 있어도 '행복'은 없다.

　하나님을 경외하고, 이웃을 사랑하며 선한 일을 할 때, 인생의 성공은 이미 내 것이 되어 있는 것이다.

 예화와 관련된 말씀

아무에게도 악을 악으로 갚지 말고 모든 사람 앞에서 선한 일을 도모하라(롬 12:17).

다스리는 자들은 선한 일에 대하여 두려움이 되지 않고 악한 일에 대하여 되나니 네가 권세를 두려워하지 아니하려느냐 선을 행하라 그리하면 그에게 칭찬을 받으리라(롬 13:3).

04 | 실패하는 사람들의 모습

실패하는 사람에게도 다음과 같이 공통적으로 나타나는 특징들이 있다고 한다.

1. 실패했을 때 "누구 때문에"라고 말한다.
2. 게으르지만 늘 바쁘다고 말하고, 출발 전에 미리 계산한다.
3. 시간에 끌려가며 살고, 넘어지면 일어나 뒤를 본다.
4. 경쟁에서 승리하는 것을 염려하고 결과만을 위해 산다.
5. 늘 구름 속의 비를 본다.
6. 문제의 주변을 맴돌고 눈이 오면 녹기를 기다린다.
7. 잘난 사람을 질투하고, 그 사람의 갑옷에 구멍 난 곳이 없는지 찾는다.
8. 강한 자에게 약하고 약한 자에게 강하다.
9. 혀를 바치고 말로 행위를 분양한다.
10. 생각 없이 약속을 하고, 자리만 연연하다가 큰 코 다친다.

'세상이 나를 알아주지 않아' 라고 말하면서 실패한 자리에 머물러 있지는 않는가? 자신을 돌아보아 지혜롭게 성공하는 자가 되자.

'주님, 실패를 거울삼아 더욱 전진하게 하옵소서.'

이 시간 혹시 나는 실패를 향해 달려가고 있지는 않는가?

 예화와 관련된 말씀

돌아서서 유익하게도 못하며 구원하지도 못하는 헛된 것을 따르지 말라 그들은 헛되니라(삼상 12:21).

참으로 잡으려는 그의 희망은 헛된 것이니라 그것의 모습을 보기만 해도 그는 기가 꺾이리라(욥 41:9).

05 | 작은 유태인

　유태인들이 자녀 교육을 위해 가장 즐겨 사용하는 '작은 유태인' 시리즈 중에 나오는 이야기이다. 몸집이 아주 작은 유태인이 알래스카의 벌목장에 투입되었다.

　작업반장은 매사에 자신만만한 작은 유태인을 혼내주려고 큰 도끼를 주며 아름드리 소나무를 벌목하라고 명령했다.

　그런데 유태인은 능숙한 솜씨로 거목들을 쓰러뜨렸다. 기골이 장대한 일꾼들보다 훨씬 일을 잘하는 그에게 작업반장이 물었다.

　"벌목 솜씨가 매우 훌륭하군. 어디서 그런 기술을 배웠는가?"

　"사하라 정글에서 배웠습니다."

　작업반장이 의아해서 반문했다.

　"사하라는 정글이 아니라 사막 아닌가?"

　"원래는 정글이었는데 제가 나무를 몽땅 잘라내는 바람에 사막으로 변했습니다."

　이것이 유태인의 정신이다. 유태인들은 '용감한 실패'를 결코 두려워하지 않는다.

우리는 작은 소나무 앞에서 좌절할 때가 얼마나 많은가? 조그만 실패 앞에서 낙심하지 않는 그리스도인, 그는 곧 하나님과 함께하는 사람이다. 어떤 경우에도 낙심하지 말자.

 예화와 관련된 말씀

내 영혼아 네가 어찌하여 낙심하며 어찌하여 내 속에서 불안해 하는가 너는 하나님께 소망을 두라 나는 그가 나타나 도우심으로 말미암아 내 하나님을 여전히 찬송하리로다(시 42:11).

06 | 코알라와 같은 인생을 청산하라

 호주에 가면 코알라라는 동물이 있다. 크기가 약 70센티미터 정도가 되고 인형처럼 귀여울 뿐만 아니라 순한 동물로 알려져 있다.

 코알라는 '나무타기 주머니 곰'이라고도 부른다. 게다가 느릿느릿 다니면서 주로 잠을 자는 야행성동물로 알려져 있다. 이 동물은 유칼리나무 숲에서 살아간다. 그리고 그 나무의 잎사귀들을 주식으로 한다.

 그런데 그 나무의 잎사귀에는 마취제 성분이 들어있다는 것이다. 그래서 코알라는 몽롱한 상태에서 하루에 약 20시간 정도 잠을 잔다고 한다. 잠을 깨면 음식을 먹지만 몸이 피곤해진 탓에 다시 또 잠을 잘 수밖에 없다는 것이다. 생긴 것은 귀엽지만 잠에서 깨어나도 다시 잠을 자게 되는 게으른 잠보라는 별명이 어울린다.

 인생을 코알라처럼 살면 어떻게 될까? 매일 잠만 자고, 또 자고, 먹고 자고, 조금 움직이다가 피곤해서 또 자고 하면 그 인생은 어떻게 되겠는가? 아마도 영원히 잠을 자야 하는 비극을 낳을 수밖에 없을 것이다. 물론 잠도 건강에 필요하다. 8시간 정도를 푹 자야 면역성도 생기고 피로도 풀리는 것이 사실이다.

그러나 그 잠을 지나칠 정도로 많이 자면 그 인생은 해결하기가 힘든 큰 문제들을 직면하게 될 것이다.

그리스도인들은 예수님처럼 잠을 줄이고 열심히 일하는 사람이 되어야 한다. 주안에서 잠을 적당히 자면서 미래를 위하여 자기계발에 적극적으로 투자하는 지혜로운 자들이 되어야 한다.

예화와 관련된 말씀

술 취하고 음식을 탐하는 자는 가난하여질 것이요 잠자기를 즐겨 하는 자는 해어진 옷을 입을 것임이니라(잠 23:21).

네가 좀더 자자, 좀더 졸자, 손을 모으고 좀더 누워 있자 하니 네 빈궁이 강도 같이 오며 네 곤핍이 군사 같이 이르리라(잠 24:33,34).

07 인생유형

미국의 신문기자로서 20세기 후반 40년 동안 기자생활을 한 필립 옌씨라고 하는 분이 있다. 40년 동안 기자 생활을 하는 동안 무려 8천여 명의 유명한 사람들을 인터뷰했다고 한다. 그렇게 많은 인터뷰 끝에 그가 깨달은 바가 있었다. 이것을 뒷날 회고록에 쓰게 되는데, 그는 인생에 분명히 두 가지 유형이 있다고 술회했다. 그 하나는 Star형이요, 또 하나는 Servant형이다.

스타형에 속하는 유형은 껍데기뿐이라고 한다. 기회만 있으면 그저 자기자랑만 한다. 자기선전만 하며 저 잘났다는 사람이다. 그런 자기를 선전해 달라고 하는데 기자로서 볼 때에 볼 것도 없더라고 했다. 쓸 것도 못되는 사람들이 주로 이렇게 계속 자기 자랑만 한다고 한다. 요새 사람들이 거의가 젊은 아이들까지 그저 스타가 되려고 기를 쓴다지 않는가? 병든 사회이다.

두 번째 종형은 인터뷰를 해보면 그저 어떻게든 섬기려는 자세를 보인다고 한다. 나보다는 다른 사람을 생각하고, 다른 사람 기쁘게 하고, 다른 사람 이롭게 하고, 사과가 둘 있으면 큰 것은 남 먹도록 하고… 어째든 기회만 있으면 섬기려는, 봉사하고자 하는 마음으로 산다고 한다. 나를 기쁘게 하는 것이 아니라 다른 사람을 기쁘게 하려고 애쓰는 사람들이라고 했다. 그런데 이렇게 종의 유형인 사람은 대체로 보아 소득은 적고, 그리고 오랜 시간 일을 해야 되고, 그리고 박수갈채도 없었다고 한다.

"Low Pay, Low Hours, Low Applause."라고 붙인 그 회고록 제목 그대로가 참다운 인생의 길이라고 그는 말한다.

 예화와 관련된 말씀

> 인자가 온 것은 섬김을 받으려 함이 아니라 도리어 섬기려 하고 자기 목숨을 많은 사람의 대속물로 주려 함이니라(마 20:28).

08 | 콘라드 아데나워

1932년 2월 히틀러는 쾰른 시를 방문 했다. 공항에 도착한 히틀러는 당연히 환영 인파로 북적댈 줄 알았지만 넓디넓은 활주로가 텅 비어 있어 무척이나 당황했다.

환영 인파가 동원되지 않았던 이유는 당시 시장으로 있던 콘라드 아데나워(Konrad Adenauer, 1876~1967)가 다음과 같은 이유로 히틀러의 공항 환영을 거부했기 때문이었다.

"히틀러는 수상으로서가 아니라 나치당의 선거 유세를 위해 일개 연설자로서 쾰른 시에 오는 것이다. 그러니 쾰른 시를 책임지고 있는 시장인 내가 그를 공식적으로 환대해야 하는 이유가 무엇인가?"

히틀러는 하는 수 없이 쾰른 시 방문을 즉각 취소하고 대단한 환영이 예정된 바로 옆의 도시로 날아갔다. 그리고 이 사건으로 인해서 아데나워 시장은 12년간의 추방 생활을 감내해야 했다.

독일의 패전 후, 서독의 수상이 되어 히틀러의 죄악을 씻고 '라인 강의 기적'을 이뤄낸 장본인이 다름 아닌 쾰른 시의 시장이었던 콘라드 아데나워였다.

 눈 앞의 권력과 이익에만 급급해 하지 않고, 아부하지 않는 그의 바른 판단과 공의를 모든 사람들도 알고 있었던 것이다.

 예화와 관련된 말씀

그 산지도 네 것이 되리니 비록 삼림이라도 네가 개척하라 그 끝까지 네 것이 되리라 가나안 족속이 비록 철 병거를 가졌고 강할지라도 네가 능히 그를 쫓아내리라 하였더라(수 17:18).

나를 네 땅으로 통과하게 하라 내가 큰 길로만 행하고 좌로나 우로나 치우치지 아니하리라(신 2:27).

09 | 예수와 가룟 유다의 모델

레오나르도 다 빈치(Leonardo di ser Prero da Vinci, 1452-1519)는 불후의 명작인 [최후의 만찬]을 제작하면서 많은 고심을 했다.

'[최후의 만찬]에 나오는 예수와 가룟 유다의 모델을 어디에서 구할 것인가?' 하는 것이었다.

그러던 어느 날 그는 예수의 모델로 피에트로 반디네리라는 한 성가대원을 발견해 작품을 시작했다. 피에트로는 예수의 모델이 된 이후, 로마로 음악 공부를 하러 갔다. 그러나 피에트로는 예전과 달리 나쁜 친구의 꼬임에 빠져 방탕한 생활을 하게 되었다.

한편 예수의 모델을 구해 큰 성과를 보았던 레오나르도 다 빈치는 마지막 단계에 들어 장벽에 부딪쳤다.

예수를 배반한 가룟 유다의 얼굴을 좀처럼 발견할 수 없었기 때문이었다.

가룟 유다의 모델을 찾던 중 다 빈치는 마침내 유다의 얼굴을 발견했다.

그런데 그 모델은 다름 아닌 예수의 모델이 되었던 피에트로였다.

이처럼 같은 인간이면서도 어떤 생을 사느냐에 따라 예수가 되기도 하고, 유다가 될 수도 있는 것이다.

 예화와 관련된 말씀

하나님이 하늘에서 인생을 굽어 살피사 지각이 있는 자와 하나님을 찾는 자가 있는가 보려 하신즉(시 53:1,2).

귀인들을 의지하지 말며 도울 힘이 없는 인생도 의지하지 말지니(시 146:3).

좌로나 우로나 치우치지 말고 네 발을 악에서 떠나게 하라(잠 4:27).

10 인생의 목적

잉그리드 버그만이라는 여배우가 있다. 그녀는 〈누구를 위하여 종을 울리나〉, 〈제8복음〉, 〈가스등〉 등으로 유명해졌는데, 그녀가 출연한 영화는 그녀의 연기 때문에 언제나 최고의 평가를 받았다. 그녀는 원래 스웨덴 출신으로서 유럽을 풍미하다가 더 크게 명성을 떨치려는 원대한 포부를 안고 헐리우드로 갔다. 그리고 헐리우드에서 영화에 출연해 두 번이나 아카데미상을 받았다. 아마도 그만한 명배우는 드물 것이다.

그런데 그 명배우가 성공의 정점에서 이렇게 외쳤다.

"헐리우드여! 실버스크린이여… 이렇게 황량한가, 이렇게 허무한가…."

그녀는 남편과 딸을 버리고 유명한 영화감독과 결혼했다가 얼마 못 가 파경을 맞이한다. 그 후에도 여러 남자와 결혼을 했다. 그러던 어느 날, 그녀의 딸이 계부를 죽이는 끔찍한 일이 발생한다.

그녀에게는 목표가 있었다. 그리고 그 목표를 성취했다. 그러나 목적이 없었다. 종국에는 암으로 비참하게 생을 마감했다. 목표는 있지만, 목적이 없는 인생을 산 것이다. 많은 사람들이 목표는 갖고 있지만, 목적이 없다.

목표는 방향을 이야기한다면 목적은 의미를 묻는다. '왜 사는가?' 하는 것은 목적을 위한 질문이고, '어디로 가야 하는가?'를 묻는 것은 목표에 대한 질문이다. 많은 사람들이 목표와 목적을 혼동한 채, 그것이 마치 하나인 것처럼 헤매다가 한 번밖에 없는 소중한 생애를 망치는 경우가 많이 있다.

 예화와 관련된 말씀

너희는 인생을 의지하지 말라 그의 호흡은 코에 있나니 셈할 가치가 어디 있느냐(사 2:22).

인생은 그 날이 풀과 같으며 그 영화가 들의 꽃과 같도다(시 103:15).

11 | 불나방 인생

 미국의 스미스소니언 박물관은 세계 최고의 다이아몬드를 공개했다.

 그 보석의 이름은 호프 다이아몬드. 45캐럿의 인도산인 이 다이아몬드를 소유한 사람은 모두 비극적인 최후를 맞았다. 그래서 '저주의 보석'으로 불린다. 이 보석의 원래 소유자인 페르시아 총독은 도둑에게 살해됐다.

 두 번째 소유자인 페르시아 왕은 반란군에 의해 처형당했다.

 보석은 다시 프랑스의 루이 14세에게 넘겨졌으나 그는 그것을 단 한 번 목에 걸어본 후 천연두에 걸려 죽었다.

 이번에는 루이 16세와 왕비 마리 앙트와네트의 소유가 됐다. 그러나 두 사람은 모두 단두대의 이슬로 사라졌다.

 결국 이 보석은 영국의 최고 재벌인 헨리 필립호프에게 넘어가 '호프 다이아몬드'라는 새 이름을 얻었다. 그런데 호프가(家)는 곧 몰락하고 말았다.

 재물과 보화를 쫓는 '불나방 인생'의 종착역은 '죽음'과 '허무'이다. 영원한 진리를 발견한 사람과 그 진리를 후손들에게 보석으로 남겨준 인생은 점점 풍요롭지만, 그렇지 않으면 허무와 인생의 몰락이 기다리고 있을 뿐이다.

 예화와 관련된 말씀

자기의 재물을 의지하는 자는 패망하려니와 의인은 푸른 잎사귀 같아서 번성하리라(잠 11:28).

지혜로운 자의 재물은 그의 면류관이요 미련한 자의 소유는 다만 미련한 것이니라(잠 14:24).

또한 어떤 사람에게든지 하나님이 재물과 부요를 그에게 주사 능히 누리게 하시며 제 몫을 받아 수고함으로 즐거워하게 하신 것은 하나님의 선물이라(전 5:19).

12 | 인생의 열차

어떤 사람이 우리 인생을 긴 야간열차에 비유를 했다. 그 속에는 지금 막 태어난 갓난아기로부터 백발이 성성한 노인에 이르기까지 각색의 사람들이 타고 있다. 그런데 종소리가 들릴 때마다 자기 나이와는 아무런 상관이 없이 정해진 정거장에 내려야 한다. 여기서 잠시 열차에 있는 사람들의 모습을 살펴보자.

첫 번째 사람은 열차 안에서 부지런히 일해서 많은 돈을 벌었다. 그에게도 어느 날 종소리가 울리기 시작했다. 이 사람은 내리지 않겠다고 발버둥을 치면서 외쳤다.

"이 돈 보따리를 다 줄테니 내리지 않을 수 없느냐?" 그러나 그 사람은 결국 빈 몸으로 쓸쓸하게 홀로 열차에서 내리게 되었다.

두 번째 승객은 사상가였다. 그러나 그를 위한 종소리가 울려 퍼졌을 때 그도 어쩔 수 없이 열차에서 내리게 되었다. 사람들은 그가 남긴 글을 통해서 오랫동안 그를 기억했다.

세 번째 사람은 열차 안을 분주히 돌아다니면서 가난한 사람들, 병든 사람들을 열심으로 도왔다. 결국은 과로로 쓰러

져서 젊은 나이로 열차에서 내릴 수밖에 없었다. 몇몇 사람들은 그의 삶을 본받기 위해서 그가 하던 일을 계속해서 행하기도 했다.

네 번째 승객은 자기 주변에 있는 사람들에게 안타까운 목소리로 호소한다.

"여러분! 여러분들도 언젠가는 이 열차에서 내려야 합니다. 그러나 절망하지 마시기 바랍니다. 그것은 마지막을 알리는 종소리가 아닙니다. 오히려 영원한 세계를 향하여 새롭게 출발하는 시작을 알리는 종소리입니다!"

확신에 찬 그의 음성은 사람들에게 많은 용기를 주었다. 지금도 인생의 열차는 계속 달리고 있다.

 예화와 관련된 말씀

내가 어디로 가는지 그 길을 너희가 아느니라 도마가 이르되 주여 주께서 어디로 가시는지 우리가 알지 못하거늘 그 길을 어찌 알겠사옵나이까 예수께서 이르시되 내가 곧 길이요 진리요 생명이니 나로 말미암지 않고는 아버지께로 올 자가 없느니라(요 14:4~6).

13 | 돈 슈나이더

 인생을 살다 보면 누구에게나 반드시 삶의 전환기가 찾아온다. 이 전환기는 대개 고난과 시련을 수반한다. 이때 고난과 시련을 잘 극복하면 새로운 삶을 출발할 수 있으나 그렇지 못하면 그대로 절망적인 삶을 살아가야 한다. 나는 앉은뱅이 인생이 될 뻔한 자기의 삶을 개척한 사람의 이야기를 신문 기사에서 읽은 적이 있다. 이야기의 주인공은 「절벽산책」의 저자 돈 슈나이더이다.

 그는 미국의 한 지방 대학 교수였는데, 1992년 느닷없이 재임용에서 탈락하면서 실직하게 되었다. 교수직에 대한 미련을 버릴 수 없었던 그는 2년간 101개의 대학에 지원서를 냈으나 모두 퇴짜를 맞았다고 한다.

 결국 그는 빈민에게 제공되는 식량 구입권에 의존하고 아내의 뱃속에 있는 아기를 몇 천 달러에 입양시킬 궁리를 해야 하는 극한 처지에 이르게 되었다. 그러던 중 그는 지금까지 자신이 추구하던 것들이 가족의 행복과 맞바꿀 수 없음이었다는 사실을 깨달았다. 이후 그는 골프장의 잡역부로, 건축 현장의 보조 일꾼으로 일하기 시작했다. 그리하여 그는 솜씨 좋고 성실한 목수 겸 페인트공 돈 슈나이더로 다시 태어났다.

그리고 자신의 생생한 체험을 그린 「절벽산책」이라는 책을 써내 베스트셀러 작가까지 된 것이다. 하나님께서는 이 세상 삶에 지친 우리의 피곤한 손과 연약한 무릎에 힘을 주셔서 일으켜 세우시길 원하신다.

우리의 열등의식과 좌절감과 패배감의 상처를 씻기시고 치료하셔서, 우리가 이 모든 어려움을 능히 헤치고 나가 풍성한 복을 누리기 원하시는 것이다. 그러기에 하나님께서는 앉은뱅이 걸인이 새 인생을 찾은 것처럼 지금 여러분의 지친 손을 붙잡고 "일어나 걸으라!"고 말씀하고 계신다.

예화와 관련된 말씀

베드로가 이르되 은과 금은 내게 없거니와 내게 있는 이것을 네게 주노니 나사렛 예수 그리스도의 이름으로 일어나 걸으라 하고(행 3:6).

14 | 화장실 인생

 어떤 사람이 공동 화장실을 사용하는 불편함을 참지 못해 열심히 돈을 벌어 화장실이 실내에 있는 집을 드디어 사게 되었다. 소원을 성취했다.

 편안하게 한 몇 년 지내다 보니까 친구 아파트에는 화장실이 두 개가 있다는 것을 알게 되었다.

 화장실이 하나니까 아침마다 화장실 쟁탈전이 벌어지는 불편을 겪어야 했기에 또다시 열심히 돈을 모아 화장실이 두 개 달린 집을 샀다.

 그러다가 일생을 마쳤다면 그의 묘비에 뭐라고 쓰겠는가?

 "OOO은 30대에는 가난해서 화장실이 집 밖에 있었는데 40대에는 하여간 크게 성공을 해서 화장실이 실내에 있는 집으로 바꾸더니 50대에 드디어 화장실이 둘 있는 집에서 살다가 죽었다."

 이 사람은 한평생 화장실 바꾸는 일만 한 것이다.

 과장된 얘기 같지만 모든 사람의 삶의 범주가 여기에서 크게 벗어나지 않는다고 생각한다.

 우리가 한평생 좀 더 편안한 것을 추구하며 사는 데서 그

친다면 너무 허무하지 않는가? 행복은 편안함에 있는 것이 아니다. 예수께서 우리에게 주시는 평안은 세상이 주는 편안과 같지 않다.

 예화와 관련된 말씀

> 평안을 너희에게 끼치노니 곧 나의 평안을 너희에게 주노라 내가 너희에게 주는 것은 세상이 주는 것과 같지 아니하니라 너희는 마음에 근심하지도 말고 두려워하지도 말라(요 14:27).
>
> 그런즉 너희는 먼저 그의 나라와 그의 의를 구하라 그리하면 이 모든 것을 너희에게 더하시리라 그러므로 내일 일을 위하여 염려하지 말라 내일 일은 내일이 염려할 것이요 한 날의 괴로움은 그 날로 족하니라(마 6:33,34).

15 | 개만도 못한 놈

인간으로 태어난 것에 자부심을 느끼는 한 사람이 있었다. 그는 인간답게 살기 위하여 초등-중등-고등 학교 12년을 다니고 더욱 인간답게 살기 위하여 대학을 가야 한다고 하여 자신의 수능 점수에 맞는 대학교에 갔다. 재학 중 군대 3년 마치고 대학을 졸업하니 그의 나이 26세였다. 대학 졸업 후 취직 시험에 번번이 떨어져 2년 동안 취업 학원에 다니면서 영어와 컴퓨터를 공부하고 간신히 조그만 중소기업 회사에 입사할 수 있었다. 그의 나이 28세였다.

그런데 그가 하는 일의 수준이란 것이 초등학교만 나와도 얼마든지 할 수 있는 일이란 것을 알았을 때 그는 의문을 가졌다. 왜? 인간은 인생의 삼분의 일(30년)이란 기나 긴 세월을 준비만 하는가?... 그러면서도 그는 직장에 다녔고 결혼하고 딸, 아들 두 아이를 낳았다. 그는 먹고 싶은 것, 보고 싶은 것, 가고 싶은 것, 하고 싶은 모든 것을 철저히 금욕하고 10년 만에 가까스로 집을 마련하였다. 그의 나이 38세였. 그때 그는 의문을 가졌다. 자기 집을 마련하는데 10년씩이나 걸리는 동물이 있을까?

그는 집도 마련했고 이제는 좀 삶을 누려야 하지 않겠는가? 생각했는데, 그의 아내가 수입의 거의 절반을 아이들 학원비, 과외비로 써야 할 처지라고 하여 그는 또 다시 허리띠를 졸라매야 했다. 두 아이를 대학까지 졸업 시키는데 24년이 걸렸다. 그의 나이 60세였다. 그는 훗날 부부동반 세계 일주 여행을 꿈꾸며 몰래 몰래 자금을 마련하고 있었는데, 그 돈을 딸 아이 혼수 장만으로 내놓을 수밖에 없었다.

어느 교회당에서 딸 아이 결혼식을 마치고 교회 문을 나섰는데 마침 함박눈이 펄- 펄- 펄- 내리고 있었다. 교회 마당에는 강아지 한 마리가 눈을 맞으며 이리 뛰고 저리 뛰며 신나게 놀고 있었다. 그의 나이 62세였다. 돌아오는 자동차 안에서 그는 의문을 가졌다. 인간의 삶은 과연 동물보다 나은 것일까?

문득 아까 교회 마당에서 눈 속을 깡총거리며 이리저리 신나게 뛰놀던 강아지가 생각났다. 그리고 그는 스스로 혼자 중얼거렸다. "개만도 못한 놈!"

 예화와 관련된 말씀

> 나의 때가 얼마나 짧은지 기억하소서 주께서 모든 사람을 어찌 그리 허무하게 창조하셨는지요(시 89:47).

16 | 인생에서 가장 행복했던 순간

 미국의 소프라노 마리안 앤더슨은 흑인으로서 역사상 위대한 성악가의 한 사람으로 기록되고 있는 여성이다.

 그녀는 대가인 토스카니니로부터 한 세기에 나올까 말까 한 아름다운 목소리를 가졌다는 찬사를 받았으며, 루스벨트 대통령과 영국 국왕을 위해 백악관에서 개인 음악회를 열었던 적도 있었다.

 또 그녀는 워싱턴에 있는 링컨 동상 밑에서 미합중국의 국회의원들을 비롯한 8만여 명의 군중 앞에서 공연하기도 했다. 이렇듯 성악가로서 최고의 지위를 누렸던 마리안에게 한 오페라 전문 기자가 인터뷰를 요청했다. 그리곤 예정된 질문을 시작했다.

 "당신의 인생 중에서 가장 행복했던 때는 언제입니까?"

 물론 기자는 그녀의 대답을 이미 예상하고 있었다. 마리안의 공연 때마다 빠짐없이 취재를 했던 기자는 그녀가 공연을 마치고 눈물을 흘리며 감격했던 순간을 죄다 기억하고 있었기 때문이다.

 미리 그녀의 말을 짐작한 기자는 이미 다음 질문을 적은

쪽지를 꺼내 들고 있었다.

그런데 전혀 뜻밖의 대답이 그녀의 입에서 흘러나왔다. 마리안 앤더슨은 조용히 미소를 지으며 이렇게 말했다.

"제 일생에서 가장 행복했던 순간은 늙으신 어머니께 이젠 더 이상 인종적인 차별 대우를 받지 않게 되었다고 말씀드릴 때였습니다."

 예화와 관련된 말씀

이스라엘이여 너는 행복한 사람이로다 여호와의 구원을 너 같이 얻은 백성이 누구냐 그는 너를 돕는 방패시요 네 영광의 칼이시로다 네 대적이 네게 복종하리니 네가 그들의 높은 곳을 밟으리로다(신 33:29).

17 | 인생의 본질

  인생의 본질을 안다면 애착을 버리는 과정은 그리 어렵지 않다. 어떤 거룩한 랍비의 이야기가 이 사실을 명확히 보여주고 있다. 미국인 몇 명이 폴란드 여행을 즐기고 있었다. 어느 마을을 지나다가 이들은 거룩한 랍비의 이야기를 듣게 되었다. 그 랍비는 인생의 대부분을 그 마을에서 보내고 있다고 했다. 이 거룩한 사람을 보려고 그의 집을 찾아간 그들은 집에 들어서면서 깜짝 놀랐다.

  살림살이가 거의 없어 집안이 썰렁했던 것이다. 랍비가 앉아서 성경을 공부하는 의자와 책상, 그리고 간단한 침대가 눈에 띄는 가구의 전부였다. 손님들은 물었다.

  "랍비님, 당신의 가구는 어디 있습니까?"

  그러자 랍비는 잠시 책에서 눈을 떼 이들을 올려다보면서 이렇게 되물었다.

  "그러는 여러분의 가구는 어디 있습니까?"

  "우리의 가구요? 왜 우리가 가구를 들고 다닙니까? 우리는 잠시 지나가는 길입니다."

  이들이 이렇게 대답하자 랍비가 말했다.

"나도 똑같습니다."

애착에서 벗어나고 소유에 대해 죽을 수 있을 때 우리는 이 나그네 인생길에 들고 다녀야 하는 '가구'가 얼마만큼이 적절한지 깨닫게 된다. 그것을 깨달을 때 우리는 필요도 없는 물건을 지고 다니는 어리석음을 범하지 않게 된다. 그 자유와 아울러 날이 갈수록 점점 더 인생을 누리게 되는 것이다.

 예화와 관련된 말씀

> 내일 일을 너희가 알지 못하는도다 너희 생명이 무엇이냐 너희는 잠깐 보이다가 없어지는 안개니라(약 4:14).

18 | 보람 있는 인생의 일곱 가지

 윌리엄 아더 워드가 인생의 일곱 가지 길을 제시한다. 보다 풍요롭고 신나고 생산적이며 보람 있는 인생을 살 수 있는 일곱 가지 간단한 길이 있다.

- 하루에 적어도 한 가지씩은 진리를 담은 글을 암송하라. 이렇게 암송하는 내용이 곧 자신의 인생, 인격, 장래의 일부가 될 것이기 때문이다.
- 자신의 목표, 바라는 바, 포부를 늘 명확하게 하라. 그 내용을 글로 적되 성취하기 위해 취해야 할 행동과 구체적인 시간표까지도 함께 작성해 둔다.
- 자신의 노력을 집중할 특정한 분야를 선정하라. 적어도 그 분야에 관한 한 전문가가 돼라. 그러면 오래지 않아 그 분야에서 없어서는 안 될 사람이 될 것이다.
- 기도와 묵상, 적극적인 마음가짐으로 두려움과 의심, 염려를 씻으라.
- 자신의 결점이나 불리한 점을 부풀려 생각하지 마라. 가장 위대한 설계자이신 조물주께서 나를 지으셨음을 생

각 하라.

- 자신의 능력이나 재능, 잠재된 가능성을 한껏 크게 생각하라. 스스로의 긍정적인 면을 강조하라.
- 다른 사람들에게서 선한 것을 찾아내라. 우정의 아름다움, 사랑의 광휘, 봉사의 기쁨 등을 그들과의 관계에서 보려고 하라. 다른 사람 안에서 최선의 것들을 찾는 눈을 기르라. 그러면 다른 사람들도 내 안에서 최선의 것들을 보기 시작할 것이다.

 예화와 관련된 말씀

요담이 그의 하나님 여호와 앞에서 바른 길을 걸었으므로 점점 강하여졌더라(대하 27:6).

바른 길로 행하는 자는 걸음이 평안하려니와 굽은 길로 행하는 자는 드러나리라(잠 10:9).

19 | 찌꺼기 인생의 대역전

미국 시카고에 있는 어느 한 교회에서 세 살짜리 여자아이의 장례식이 있었다. 먹지 못해 굶어 죽은 아이였다.

그런데 이 불쌍한 여자아이의 장례식에 남루한 옷을 입고 충혈 된 눈으로 찾아온 알코올 중독자가 있었다.

그 알코올 중독자는 사람들이 기도하는 틈을 타 죽은 여자아이의 신발을 벗겨 달아났다.

그 신발을 35센트에 팔아 술을 마신 그 사람은 바로 죽은 여자 아이의 아버지였다.

20년 후, 시카고 제일 장로교회에서는 수천 명의 성도들 앞에서 한 사람이 외치고 있었다.

"죽은 딸의 장례식에서 기도하는 틈을 타 다른 사람 몰래 신발을 훔쳐 술을 마신 파렴치범은 바로 저였습니다.

그러나 만물의 찌꺼기 같은 그런 나를 다시 살려 주시고, 하나님의 일꾼으로 삼아주신 분은 바로 위대하신 하나님이십니다."

그가 바로 시카고의 부흥사 멜 트라더 목사이다.

하나님은 인간이 볼 때 폐품 같고 불량품 같은 그를 통해 하나님의 아름다움과 영광을 다시 드러내는 놀라운 창조주이심을 기억해야 한다.

 예화와 관련된 말씀

> 여호와께서 우리를 생각하사 복을 주시되 이스라엘 집에도 복을 주시고 아론의 집에도 복을 주시며 높은 사람이나 낮은 사람을 막론하고 여호와를 경외하는 자들에게 복을 주시리로다 여호와께서 너희를 곧 너희와 너희의 자손을 더욱 번창하게 하시기를 원하노라(시 115:12~14).
>
> 아버지가 이르되 얘 너는 항상 나와 함께 있으니 내 것이 다 네 것이로되 이 네 동생은 죽었다가 살아났으며 내가 잃었다가 얻었기로 우리가 즐거워하고 기뻐하는 것이 마땅하다 하니라(눅 15:31,32)

20 | 인생은 커다란 화강암

 핀란드 국민 음악의 창설자이며 위대한 교향곡 작곡자인 얀 시벨리우스는 표제음악과 교향곡 등 수많은 핀란드의 민족적 색채가 강한 작품을 작곡하여 국민들의 존경을 받고 있다. 그러나 그렇게 하기까지는 그는 인생의 전환점을 여러 차례 맞아야 했다.

 첫 번째 전환점은 러시아 통치 하에서 핀란드어를 처음으로 가르치기 시작한 학교에 입학한 것이었다. 그는 그곳에서 핀란드의 문학을 배웠다. 그때 배운 신화들은 뒷날 그의 음악의 근원이 되었다.

 두 번째 전환점은 피아노를 배우면서 발견된 재능으로 바이올린을 배우게 된다. 피아노의 단조로운 손가락 움직임을 싫어하여 곧 잘 즉흥 연주를 하곤 했는데 바이올린은 이러한 그의 소질에 맞는 악기였다.

 세 번째 전환점은 바이올리니스트의 꿈을 포기하고 작곡에만 전념하기로 결심한 것이다. 그는 흥분하기 쉬운 성격을 지니고 있었기 때문에 청중들의 반응에 따라 그도 같이 흥분하다 바이올린 연주에서 실수를 하는 경우가 있었지만 작곡가로 변신한 후에는 흥분 때문에 작품을 망치는 일이 없어졌다.

네 번째 전환점은 그의 결혼이었다. 베를린에서 유학하는 동안 고국에 대한 소중함을 느끼고 돌아왔고 그 무렵 핀란드는 러시아로부터 독립하려는 분위기가 팽배해 있었으며, 그의 처가는 독립운동에 큰 영향력을 끼친 집안이었다. 뿐만 아니라 신혼 여행지인 카벨리아 지방에서 핀란드 민속음악을 듣는 순간 그가 가야할 음악적 방향을 설정 할 수 있었다.

그는 이러한 인생의 전환점을 거쳐 성공에 이르게 된 것이다. 과거를 회상하며 다음과 같이 말했다.

"인생은 커다란 화강암과 같다. 자신이 얼마나 단단한 화강암인가를 아는 것도 중요하지만 더욱 중요한 것은 의지라는 정으로 화강암을 그가 원하는 모양으로 조각하는 것이다."

 예화와 관련된 말씀

도가니는 은을, 풀무는 금을 연단하거니와 여호와는 마음을 연단하시느니라(잠 17:3).

21 | 완전 대박

　최근에 자동차를 고치려고 단골 정비소를 들렀다.
　때마침 비가 내리고 있었다. 사무실에 앉아 커피를 마시며 창밖을 보는데 정비소 옆에 딸린 세차장에 차가 한 대도 보이지 않아서 내심 걱정하는 투로 말했다.
　"박 사장님, 비가 오니까 세차 손님이 한 명도 없네요. 비가 오면 완전 공치는 날이네요."
　그러자 그는 환하게 웃으면서 대답한다.
　"하하하, 비가 오면 저는 다음날을 생각합니다. 세차 손님이 줄을 서거든요. 한 마디로 완전 대박입니다."
　순간 나는 인생의 커다란 지혜를 깨달았다.
　똑같은 것을 보면서도 생각은 전혀 달랐던 것이다.
　나는 '비 때문에' 라고 걱정하며 쪽박 생각을 했고, 그는 '비 덕분에' 라고 기뻐하며 대박 생각을 했다는 것이다.
　대박 같은 생각은 늘 긍정을 몰고 오며 마음 속 즐거움을 채워주는 진정한 유머가 된다.
　우리는 살면서 인생의 많은 환경 속에서 누구때문에, 이것 때문에, 뭐가 없어서... 등 늘 부정적이고, 걱정스럽게 생각하며 핑계를 댄다. 그러나 때문에가 아니라 덕분에 우리의 인생은 더욱 윤택하게 되고 즐거워 지는 것이다.

 예화와 관련된 말씀

그는 시냇가에 심은 나무가 철을 따라 열매를 맺으며 그 잎사귀가 마르지 아니함 같으니 그가 하는 모든 일이 다 형통하리로다(시 1:3).

형통한 날에는 기뻐하고 곤고한 날에는 되돌아 보아라 이 두 가지를 하나님이 병행하게 하사 사람이 그의 장래 일을 능히 헤아려 알지 못하게 하셨느니라(전 7:14).

많은 사람이 연단을 받아 스스로 정결하게 하며 희게 할 것이나 악한 사람은 악을 행하리니 악한 자는 아무것도 깨닫지 못하되 오직 지혜 있는 자는 깨달으리라(단 12:10).

22 | 위대한 인생으로

미국의 어떤 청년이 주일마다 교회에 가는 길목에서 항상 빈둥거리며 놀고 있는 소년들을 보았다. 그는 그 아이들을 전도하기로 작정하고 어느 주일 아침 평소보다 일찍 나와서 그들에게 다가갔다.

"얘들아, 너희들 여기에서 하루 종일 놀지 말고 나와 함께 교회에 가지 않을래?"

그러자 그들 중 네 명이 따라왔는데, 그들은 각각 자기에게 적당한 반에 들어가 주일학교 교육을 착실히 받게 되었다.

세월이 흘러 그 네 명의 소년은 모두 장성해서 각자 자기의 길로 갔다. 그런데 그들을 교회로 인도하고 주일학교에서 가르쳤던 그 청년이 나이가 들어 60회 생일을 맞은 날 4통의 축하 카드를 받게 되었다. 과거에 그가 전도했던 그 네 명의 소년들로부터 온 카드였다.

한 통은 미국연합은행 총재로부터, 한 통은 중국에서 선교사로 일하고 있는 목사로부터, 또 한 통은 당시 대통이던 후버의 비서관으로부터, 그리고 마지막 한 통은 하버트 후버

대통령이 직접 보낸 카드였다.

  이들은 길거리에서 빈둥거리며 놀던 소년들에 불과했지만 영혼 구원에 깊은 관심을 갖고 다가섰던 한 청년에 의해 위대한 인생으로 변화될 수 있었던 것이다.

  이처럼 하나님을 사랑하고 그의 말씀을 잘 배우고 따르는 자들에게는 장래가 형통케 되는 역사가 나타나게 되는 것이다.

 예화와 관련된 말씀

> 그런즉 너희는 이 언약의 말씀을 지켜 행하라 그리하면 너희가 하는 모든 일이 형통하리라 (신 29:9).
>
> 네 하나님 여호와의 명령을 지켜 그 길로 행하여 그 법률과 계명과 율례와 증거를 모세의 율법에 기록된 대로 지키라 그리하면 네가 무엇을 하든지 어디로 가든지 형통할지라(왕상 2:3).

23 | 인생은 B로 시작해서 D로 끝난다

인생은 B로 시작해서 D로 끝난다.

B는 Birth, D는 Death.

그러면 인생의 중간과정은 B와 D사이의 C는 뭘까요?

C는 Choice이다.

우리는 언제나 선택을 해야 한다. 직장에서도 우리 오늘 점심 뭘 먹지? 연애를 해도 우리 오늘 뭘 할까?

우리는 항상 선택을 하고 있다.

늙은 인디언 추장이 자기 손자에게 말했다.

"애야 우리 모두의 마음속에는 두 늑대가 싸우고 있단다."

손자는 할아버지의 말에 귀를 기울인다.

"한 마리는 악한 늑대로 그 놈이 가진 것은 화, 질투, 슬픔 후회, 탐욕, 거만, 자기 동정, 죄의식, 회한, 열등감, 거짓, 우월감 그리고 이기심이란다."

이어서 이렇게 말을 한다.

"그리고 다른 한 마리는 좋은 늑대로 그가 가진 것은 기쁨, 평안, 사랑, 소망, 인내심, 평온함, 겸손, 친절, 동정심, 진실, 그리고 믿음이란다."

"그럼, 어떤 늑대가 이겨요?"
손자가 이렇게 묻자 추장은 간단하게 대답했다.
"내가 먹이를 주는 놈이 이기지"
우리의 선택이 우리의 인생을 바뀌게 한다.

 예화와 관련된 말씀

여호와를 자기 하나님으로 삼은 나라 곧 하나님의 기업으로 선택된 백성은 복이 있도다(시 33:12).

여호와께서 이와 같이 말씀하시기를 나의 안식일을 지키며 내가 기뻐하는 일을 선택하며 나의 언약을 굳게 잡는 고자들에게는 내가 내 집에서, 내 성 안에서 아들이나 딸보다 나은 기념물과 이름을 그들에게 주며 영원한 이름을 주어 끊어지지 아니하게 할 것이며(사 56:4,5).

24 | 실패에 맞서 싸우는 다섯 가지 방법

리더스 다이제스트에 소개된 '실패에 맞서 싸우는 다섯 가지 방법'을 소개한다.

첫째, '실패'라는 단어 대신 '시행착오'라는 말을 사용하라. 희망적인 언어를 사용하는 사람은 쉽게 재기한다.

둘째, '마지막'이라는 생각을 버려라. 실패를 딛고 재도전할 기회는 반드시 찾아온다.

셋째, 자신을 실패자로 비하하지 말라. 실패의 원인을 분석하고 반성은 하되 비하는 말아야 한다.

넷째, 항상 실패를 맞을 준비를 하라. 인생은 깊은 수렁도 있고 넓은 초원도 있다.

다섯째, 실패가 예견되면 빨리 단념하라. 사람들은 가끔 차선책에 대한 미련으로 최선책을 놓치는 우를 범한다.

화살은 과녁에 명중하는 것보다 빗나갈 확률이 높다. 큰 교훈을 안겨주는 고상한 실패가 저속한 성공보다 나은 경우도 있다.

세상은 실패를 '시행착오'로 여기고 다시 일어서는 적극적인 사람들에 의해 주도된다는 사실을 잊지 말자.

 예화와 관련된 말씀

> 네가 만일 하나님을 찾으며 전능하신 이에게 간구하고 또 청결하고 정직하면 반드시 너를 돌보시고 네 의로운 처소를 평안하게 하실 것이라 네 시작은 미약하였으나 네 나중은 심히 창대하리라(욥 8:5~7).

25 | 실패처럼 좋은 참고서는

테헤란 왕궁에 가 본 사람이면 누구나 그 아름다움에 넋을 잃는다고 한다. 그것이 그렇게 아름다운 이유는 입구에서부터 아치형 천장과 벽, 그리고 창문에 이르기까지 마치 다이아몬드를 박아 놓은 것처럼 눈부시게 빛나고 있는 유리 장식 때문이다.

이 유리 장식은 빛의 밝기와 방향에 따라 각양각색의 빛을 발하는데, 자세히 들여다보면 모두가 미세한 유리 조각들이다. 그런데 이 아름다운 왕궁이 탄생할 수 있었던 이유가 '깨어진 유리'와 '실패한 인생'이 있었기에 가능했다니 재미있는 일이 아닐 수 없다.

테헤란 왕궁을 지을 당시, 건축가들은 왕궁을 장식할 거울처럼 비치는 반투명 유리를 프랑스에 주문했다. 그리하여 마침내 몇 달 간의 운송 기간을 거쳐 유리가 도착하였는데, 포장을 풀어 보니 유리가 완전히 깨어져 있었다. 이 사실에 공사 관계자들은 당연히 흥분했고, 프랑스 정부에 욕을 퍼부으며 즉각 새로운 제품을 다시 보내 줄 것을 요청했다.

그런데 그 중 한 사람이 이런 제안을 했던 것이다.

"차라리 이 깨진 유리를 붙인다면 더 아름다운 건축물이 탄생할지도 모릅니다."

그리하여 다시 주문을 한다 해도 공사 기간이 연장될 것이기에 그의 제안을 받아들였다. 작업 인부들은 큰 유리 조각을 일부러 잘게 부수어 벽과 창에 입히기 시작했는데, 이것을 본 사람들은 저마다 찬탄했다. 그러자 급기야는 아치형 천장까지도 작은 유리 조각으로 장식했던 것이다.

그런데 재미있는 사실은, 깨진 유리를 활용하자고 제안했던 사람이 견습공이었다. 그는 테헤란 시내에 조그만 양복점을 하던 사람이었다. 사업이 제대로 되지 않아 때때로 자투리 천을 엮어 옷이나 이불을 만들어 팔기도 했다. 그때 만들었던 자투리 천의 옷과 이불이 특별히 더 아름다웠다는 사실을 기억해 내 그런 제안을 했던 것이다.

예화와 관련된 말씀

주께서 나의 슬픔이 변하여 내게 춤이 되게 하시며 나의 베옷을 벗기고 기쁨으로 띠 띠우셨나이다(시 30:11).